うちにあるお酒だけでできる

大人女子カクテル 74
&
カンタンおつまみ 44

伊野由有子
Yuko Ino

講談社

大人女子カクテル74 &
カンタンおつまみ44

Contents
★★★

8 　この本の特徴

9 　**Part 1** ワインベースのカクテル
　　　Wine Cocktail

		❗Type	❗Taste	辛 ←→ 甘
10	ロッシーニ	食前に	華やか	●─★─●─●─●
12	クレオパトラ	パーティー向き	華やか	●─●─★─●─●
13	レッドミモザ	食前に	すっきり	●─★─●─●─●
14	はちみつ柚子シャンパン	いつでも	さわやか	●─★─●─●─●
15	カーディナル	食前に	濃厚	●─●─●─★─●
16	シェリートニック	食前に	すっきり	●─★─●─●─●
17	ざくろキール	いつでも	フルーティー	●─●─★─●─●
18	あんずのベリーニ	食前に	フルーティー	●─●─●─★─●
20	レッドオレンジ	いつでも	ライト	●─★─●─●─●
21	フランボワーズロワイヤル	パーティー向き	華やか	★─●─●─●─●
22	マンゴーシャンパン	パーティー向き	個性的	●─●─★─●─●
24	アメリカンレモネード	いつでも	ライト	●─●─●─★─●

25	シャンパンのグラニテ	パーティー向き	華やか	●―●―★―●―●
26	アップルワイン	いつでも	ライト	●―●―★―●―●
28	金柑ミモザ	食前に	さわやか	●―★―●―●―●
29	ベルガモットワイン	いつでも	個性的	●―●―★―●―●
30	キティー	パーティー向き	ライト	●―●―★―●―●
32	初恋	いつでも	個性的	●―●―●―★―●
33	ホットワイン	寝る前に	濃厚	●―●―●―★―●
34	**コラム ❶** 自分の好みに合うワインを見つけるには？			

Part 2 ビールベースのカクテル
Beer Cocktail

		Type	Taste	辛 ←→ 甘
36	パナッシェ	いつでも	ライト	●―★―●―●―●
38	カンパリビアー	食前に	すっきり	●―★―●―●―●
39	ぶどう割り	いつでも	フルーティー	●―●―★―●―●
40	ミントビアー	いつでも	さわやか	●―●―★―●―●
42	ビターシトラスビアー	いつでも	ライト	●―●―★―●―●
43	トロイの木馬	いつでも	すっきり	●―●―★―●―●
44	ビターオレンジ	食前に	ライト	●―●―●―★―●
45	シャンディガフ	いつでも	さわやか	●―★―●―●―●
46	カシスビアー	いつでも	フルーティー	●―●―●―★―●
48	ビールの梅酒割り	食前に	すっきり	●―★―●―●―●
49	レッドアイ	食前に	濃厚	★―●―●―●―●
50	**コラム ❷** 知れば知るほど奥が深かったビール			

Part 3 焼酎ベースのカクテル
Shochu Cocktail

頁	名称	Type	Taste	辛 ←→ 甘
52	フローズン梅酒ソーダ	パーティー向き	さわやか	●-●-★-●-●
54	焼酎モヒート	パーティー向き	すっきり	●-★-●-●-●
55	焼酎フローズンマルガリータ	いつでも	個性的	●-★-●-●-●
56	焼酎ソルティードッグ	いつでも	フルーティー	●-★-●-●-●
57	ネクターサワー	パーティー向き	ライト	●-●-●-★-●
58	焼酎のトマトジュース割り	食前に	濃厚	★-●-●-●-●
60	コーヒー焼酎割り	食後に	ドライ	●-★-●-●-●
61	豆乳焼酎	いつでも	濃厚	★-●-●-●-●
62	かぼすロック	いつでも	ドライ	★-●-●-●-●
63	焼酎の梅割り	いつでも	すっきり	●-●-●-★-●
64	ジンジャーリッキー	いつでも	ライト	●-★-●-●-●
65	焼酎ハイボール	いつでも	すっきり	★-●-●-●-●
66	**コラム❸** 原料によって味の異なる焼酎。その違いは？			

Part 4 日本酒&紹興酒&マッコリベースのカクテル
Sake Cocktail

頁	名称	Type	Taste	辛 ←→ 甘
68	菊酒	食前に	華やか	★-●-●-●-●
70	なつめ酒	寝る前に	個性的	●-★-●-●-●
71	ホット柚子酒	寝る前に	さわやか	●-●-●-★-●
72	春の雪	食後に	個性的	●-●-★-●-●

			Type	Taste	辛 ←→ 甘
74	サケティーニ		食後に	ドライ	★・・・・
75	酒トニック		いつでも	すっきり	・★・・・
76	酒フルーツクラッシュ		パーティー向き	フルーティー	・・★・・
78	サムライロック		いつでも	さわやか	・★・・・
79	マッコリービアー		いつでも	さわやか	・・★・・
80	ドラゴンウォーター		パーティー向き	すっきり	★・・・・
81	香港フィズ		いつでも	すっきり	・・・★・
82	コラム④ 知っておきたい日本酒豆知識				

Part 5　ウイスキー&ジン&ウォッカベースのカクテル
Whisky Cocktail

		Type	Taste	辛 ←→ 甘
84	オレンジハイボール	パーティー向き	フルーティー	・・★・・
86	ハイボール	いつでも	すっきり	★・・・・
87	ウイスキーコーク	いつでも	ライト	・★・・・
88	アイスウイスキーコーヒー	食後に	個性的	・★・・・
89	ウイスキーウーロン	食後に	すっきり	・★・・・
90	ロシアンウイスキーティー	食後に	華やか	・・・★・
92	ゴッドファーザー	食後に	濃厚	・・★・・
93	ホットウイスキー・トディー	寝る前に	個性的	・・★・・
94	トマトウォッカトニック	食前に	すっきり	・★・・・
96	アールグレイウォッカ	パーティー向き	華やか	・・・★・
97	金柑トニック	食後に	すっきり	・・・★・
98	コラム⑤ ただいま人気上昇中！　ウイスキーの魅力とは？			

Part 6 ノンアルコールカクテル
Nonalcoholic Cocktail

頁	名称	Type	Taste	辛←→甘
100	ビターオレンジ	パーティー向き	さわやか	
101	グレープフルーツハイ	いつでも	さわやか	
102	フルーツレモネード	食前に	フルーティー	
104	白ワインジュース	いつでも	さわやか	
105	赤ワインジュース	いつでも	フルーティー	
106	ノンアルコール・しょうが酒	寝る前に	軽め	
107	カルピスビアー	いつでも	すっきり	
108	ブルーベリービアー	いつでも	華やか	
109	マンゴーグレナデンソーダ	パーティー向き	フルーティー	
110	アイスティーソーダ	パーティー向き	ライト	

Part 7 カクテル別 合うおつまみ

ワインカクテルに合うおつまみ

112	豚肉のパプリカ焼き
113	しいたけのブルーチーズ焼き
114	4色カラフルバター
115	かぶのいちごソース
116	ピザきつね
117	ポトフ
118	あさり、豚肉、プチトマトの蒸し焼き
120	ふわふわオムレツ
121	えびのブロッコリーソース添え

ビールカクテルに合うおつまみ

122	ハニーピクルス	128	えびの柚子ソルト焼き
124	鶏肉のトムヤム炒め	129	豚肉の梅ソース
125	とうもろこしとしょうがのかき揚げ	130	焼きスパ
126	キャベツのバターカレー炒め	131	チーズせんべい
127	簡単チョリソー		

焼酎カクテルに合うおつまみ

132	スペアリブの八丁みそ焼き	138	春菊の韓国風サラダ
134	かきのガーリックオイル煮	139	まぐろのユッケ 黄身のせ
135	エスニックチキンライス	140	野菜スティック みそクリームチーズ添え
136	いかと高菜漬けの炒めもの	141	高野豆腐の素揚げ
137	たこのインディアントマト煮		

日本酒カクテルに合うおつまみ

142	貧乏からすみ	146	ねぎまのスープ
143	たいのごまだれサラダ	147	割り干し大根のポン酢漬け
144	くずし豆腐	148	3色クリームチーズ
145	アンチョビ入りチーズフォンデュ	149	板わさ 塩昆布添え

ウイスキーカクテルに合うおつまみ

150	一銭洋食	156	ゆでワンタン
152	干し柿バター	157	チョコレートフォンデュ
153	オイルサーディンの韓国風	158	車麩のフレンチトースト
154	サーモンと千枚漬けのミルフィーユ	159	生ハムフルーツチーズ
155	トマト入り焼きビーフン		

この本の特徴

今日飲みたい気分のカクテルがひと目で見つかります

- いつ飲むのに向いているカクテル？
→ Type（食前に、パーティー向き etc.）を見ればわかります。
- どんな味？
→ Taste（さわやか、華やか etc.）
& 辛口～甘口　を見ればわかります。

ワイン、ビール、焼酎……よく飲むお酒がベースになっています

飲み残しのものでも充分！ カクテルにすればまた違った味が楽しめます。リキュールやスピリッツ類をあれこれ用意しなくてもできるレシピばかりです。

分量は1人分の目安です。グラスの大きさや好みに応じて調整してください

- 計量の単位は、小さじ1 = 5㎖、大さじ1 = 15㎖、カップ1 = 200㎖、1合 = 180㎖です。
- 電子レンジは500Wのものを使用しています。加熱時間は、お手持ちの機種に合わせて加減してください。

さらにおいしく飲むための方法、バリエーション、他にどんなもので作れる？ etc. をMEMOで紹介

作り方はカンタン、ただ混ぜるだけ！特別な道具は必要ありません

Part1
ワインベースの
カクテル
Wine Cocktail

残ったワインなどでささっとできる
お手軽カクテルを紹介。
使うワインは安いもので充分。
ただし、材料がスパークリングワインのものは、
シャンパンで代用可能ですが、
シャンパンのものは、
きちんとシャンパンで作ったほうが
おいしく仕上がります。

Part1 ❗ロッシーニ

| ❗Type | 食前に |
| ❗Taste | 華やか |

辛 ──★───── 甘

MEMO
●砂糖と一緒にブランデー少々をふりかけると、さらに香りよく本格的な仕上がりに。

定番カクテル

ふわっと広がるフレッシュな
いちごの香りを楽しんで

ロッシーニ

Sparkling Wine Cocktail

材料

スパークリングワイン	100ml
いちご	大粒のもの1個
砂糖	大さじ½

作り方

1. いちごは3〜4mm角に刻んでグラスに入れ、砂糖をふりかけてしばらくおく。
2. 砂糖が溶けたら静かにスパークリングワインを注ぐ。

Part 1 ワインベースのカクテル

Part1 クレオパトラ／レッドミモザ

MEMO
● グレナデンシロップを入れると鮮やかな色合いになりますが、なければ入れなくてもOK。

!Type パーティー向き
!Taste 華やか
辛 ─★─── 甘

グレープフルーツの苦み、シャンパンのコクで大人の贅沢を
クレオパトラ

Champagne Cocktail

定番カクテル

材料

シャンパン	50mℓ
グレープフルーツジュース	50mℓ
グレナデンシロップ	大さじ1

作り方

1. シャンパンとグレープフルーツジュース、グラスはよく冷やしておく。
2. グラスにグレナデンシロップを注ぎ、ジュース、シャンパンの順に静かに注ぎ入れる。

!Type	食前に
!Taste	すっきり

辛 ★━━●━━━●━━━● 甘

★★★ オリジナルカクテル

ワインベースのカクテル

酸味や風味の強いブラッドオレンジを使ったフレッシュな味

レッドミモザ

Champagne Cocktail

材料

シャンパン …………………… 50ml
ブラッドオレンジジュース
……………………………………… 50ml

作り方

1. シャンパンとブラッドオレンジジュース、グラスはよく冷やしておく。
2. グラスにジュースを注ぎ、シャンパンを静かに加えて軽く混ぜる。

MEMO
●柑橘系のフルーツにはスパークリングワインよりもシャンパンを合わせたほうがよりおいしく仕上がります。

Part1 はちみつ柚子シャンパン／カーディナル

- Type: いつでも
- Taste: さわやか

辛 ←――★――→ 甘

オリジナルカクテル

すっきりさわやかなカクテル。
よく汗をかいた日の最初の1杯に！

はちみつ柚子シャンパン

Champagne Cocktail

材料

- シャンパン ―――― 100mℓ
- はちみつ柚子ジュース ―――― 100mℓ

作り方

1. シャンパンとはちみつ柚子ジュースはよく冷やしておく。
2. グラスにジュースを注ぎ、シャンパンを加える。

MEMO
- はちみつレモンジュースで作ってもおいしくできます。

甘めにしたければ
クレーム・ド・カシスを多めに入れて

カーディナル

Red Wine Cocktail

定番
カクテル

材料

赤ワイン(軽めのもの) ……… 120㎖
クレーム・ド・カシス
……………………… 大さじ1〜3

作り方

1. グラスにクレーム・ド・カシスを入れ、赤ワインを加えて混ぜる。

| Type | 食前に |
| Taste | 濃厚 |

辛 ●━●━★━●━● 甘

ワインベースのカクテル

MEMO
●赤ワインは冷えているものを使ったほうが美味。オリジナルのレシピではボジョレー産の赤ワインを使います。

Part1 シェリートニック/ざくろキール

MEMO
●シェリーとトニックは1:2の割合で。

!Type 食前に
!Taste すっきり
辛 ─★─── 甘

イギリスでの別名は
「貧乏人のシャンパーニュ」！

シェリートニック
Sherry Cocktail

定番カクテル

材料
シェリー(フィノ・辛口タイプ) ……………… 65㎖
トニックウォーター ……… 130㎖
氷 ……………………… 2〜3個
ライム ………………………… 適量

作り方
1. グラスに氷を入れてシェリーを注ぎ、トニックウォーターを静かに加えてライムを絞る。
2. ライムをくし形に切ってグラスに添える。

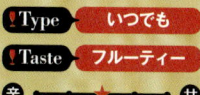

Type	いつでも
Taste	フルーティー

辛 ●———★———● 甘

MEMO
●韓国で「紅酢(ホンチョ)」と呼ばれるざくろ酢を使います。韓国系食材店やインターネットなどで購入可能。ビタミンなどの有効成分が豊富で、女性におすすめ。

オリジナル カクテル ★★★

甘く、鮮やかなざくろ酢はまさに女子向き！

ざくろキール

White Wine Cocktail

材料
白ワイン ……………… 120mℓ
ざくろ酢 ……………… 大さじ3

作り方
1. グラスにざくろ酢を入れ、白ワインを加えてよく混ぜる。

ワインベースのカクテル

Part1 あんずのベリーニ

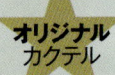
オリジナルカクテル

本来は黄桃で作るカクテル。
あんずを使って甘酸っぱくアレンジ

あんずのベリーニ

Sparkling Wine Cocktail

材料

スパークリングワイン	60mℓ
あんず(缶詰)のピュレ	40mℓ

作り方

1. グラスにあんずのピュレを入れ、スパークリングワインをゆっくりと注ぎ、そっとかき混ぜる。

MEMO

- あんずのピュレはシロップごとミキサーで攪拌(かく はん)して作ります。ミキサーがなければ、包丁で細かく刻んでからつぶして。
- スパークリングワインを加えるときは、かなり泡立つので、ゆっくり慎重に!

!Type 食前に
!Taste フルーティー

辛 ──────★────── 甘

Part1 ❗レッドオレンジ／フランボワーズロワイヤル

生のオレンジを絞って作れば
より贅沢な仕上がりに

レッドオレンジ

Red Wine Cocktail

オリジナル
カクテル

材料

赤ワイン	100mℓ
オレンジジュース	100mℓ
氷	2〜3個
オレンジの薄切り	1枚

作り方

1. 赤ワインとオレンジジュースはよく冷やしておく。
2. グラスに赤ワインを入れ、ジュースを注ぐ。氷を浮かべて、オレンジの薄切りを添える。

❗Type　いつでも
❗Taste　ライト

辛 ●━★━●━●━● 甘

MEMO
●赤ワインは渋みのないリーズナブルなもので充分。

!Type バーティー向き
!Taste 華やか

辛 ★―・―・―・― 甘

オリジナル
カクテル

超手軽！ 超おいしい！
シンプルカクテルの決定版

フランボワーズ ロワイヤル

Champagne Cocktail

材料

シャンパン ……………… 100㎖
フランボワーズ（冷凍）
……………… 3～4粒

作り方

1. グラスにフランボワーズを入れ、シャンパンを少しずつ注ぐ。

MEMO

- 冷凍のフランボワーズを加えるので、冷たさがキープされます。
- フランボワーズから徐々に赤いジュースがにじみ出て、美しいロゼ色のカクテルに！

ワインベースのカクテル

Part1 ！マンゴーシャンパン

シャーベットを溶かしながら飲む オリエンタルな味の1杯

マンゴーシャンパン

Champagne Cocktail

材料

シャンパン	120㎖
マンゴーシャーベット	ディッシャー1杯分

作り方

1. マンゴーシャーベットをディッシャーですくってあらかじめ冷やしておいた口の広いグラスに入れ、よく冷やしたシャンパンを注ぐ。

MEMO

●マンゴーシャーベットを自家製にするなら、マンゴー（冷凍）200ｇ、レモン汁大さじ1、ガムシロップ100㎖をミキサーでピュレ状に攪拌し、冷凍庫で冷やし固めます。

ワインベースのカクテル

Part1 🍷 アメリカンレモネード／シャンパンのグラニテ

サングリアのお手軽版。
カジュアルに楽しんで

アメリカンレモネード

Red Wine Cocktail

オリジナル カクテル ★★★

材料
赤ワイン	100ml
レモネード	100ml
レモンの皮	適量

作り方
1. 赤ワインとレモネードはしっかり冷やしておく。
2. 大ぶりにむいたレモンの皮をグラスに入れ、赤ワインを注いでレモネードを加え、軽く混ぜる。

MEMO
- 赤ワインはリーズナブルなものでOK。
- いろいろな食事に合い、ピクニックやBBQなど、野外で楽しむ食事にも向いています。

!Type いつでも
!Taste ライト
辛 ──▲── 甘

!Type パーティー向き
!Taste 華やか

辛 ――★―― 甘

オリジナルカクテル

上からシャンパンを注いだら、
ゴージャスな食前酒にも！

シャンパンのグラニテ

Champagne Cocktail

ワインベースのカクテル

材料（作りやすい分量）

シャンパン	750ml
ガムシロップ	100〜150ml
レモン汁	大さじ1
ミント	適量

作り方

1. 冷凍用密封容器にシャンパン、ガムシロップの順に静かに入れ、レモン汁を加えて混ぜ、泡が消えないうちに冷凍庫に入れる。
2. 40〜50分して表面が凍ったら、スプーンで円を描くように静かにかき混ぜ、冷凍庫に戻す。1時間ほどだったら同様にかき混ぜ、再び冷凍庫で冷やし固める。
3. 適量をグラスに入れ、ミントを飾る。

MEMO
● ガムシロップは75mlの水に砂糖75gを加えた砂糖水で代用できます。

Part1 アップルワイン

| Type | いつでも |
| Taste | ライト |

辛 ●━━━★━━━● 甘

MEMO
● りんごのタルトなど、デザートに合わせていただくのもおすすめ。

オリジナルカクテル

りんごのフレーバーが心地よい
ほんわりあったかカクテル

アップルワイン

White Wine Cocktail

材料

白ワイン	120㎖
りんご	⅛個
砂糖	大さじ2
ホワイトラム	大さじ2
シナモンスティック	1本

作り方

1. りんごは皮つきのまま薄いいちょう切りにし、グラスに入れて砂糖とホワイトラムをふりかけてしばらくおく。
2. 小鍋で白ワインを沸騰直前まで温めて1に注ぎ入れ、シナモンスティックを添える。

ワインベースのカクテル

Part1 金柑ミモザ／ベルガモットワイン

!Type 食前に
!Taste さわやか
辛 ─★─── 甘

オリジナルカクテル ★★

飲みやすいさわやかな香りで
病みつきになること間違いなし！

金柑ミモザ
Champagne Cocktail

材料
- シャンパン ……… 100mℓ
- 金柑 ……… 2個
- 砂糖 ……… 大さじ1½

作り方
1. 金柑は2〜3mm厚さの輪切りにし、種があれば楊枝などでとり出してからグラスに入れる。砂糖をふりかけて5分ほどおく。
2. 1の砂糖が溶けたところに少しずつシャンパンを注ぐ。

MEMO
● 通常オレンジで作るカクテル。金柑を使用することで、また違った大人の味わいに。

!Type いつでも
!Taste 個性的

辛 ●—●—★—●—● 甘

MEMO
●サンドイッチやキッシュ、ケーキなどにも合う万能ティーカクテルです。

ワインベースのカクテル

キリッと冷やして暑い夏の ティータイムにどうぞ

ベルガモットワイン

White Wine Cocktail

定番カクテル

材 料
白ワイン ……………… 100mℓ
アールグレイのアイスティー ……………… 100mℓ
ガムシロップ ……… 大さじ2〜3

作り方

1. 白ワインとアイスティーはしっかり冷やしておく。
2. グラスに**1**を注ぎ、好みでガムシロップを加えて混ぜる。

Part1 キティー

定番カクテル

お酒が苦手な女子(=キティー・子猫ちゃん)
向きの味と言われているものの……

キティー

Red Wine Cocktail

材料

赤ワイン	100㎖
ジンジャーエール	100㎖
氷	2〜3個

作り方

1. グラスに赤ワインを注ぎ、ジンジャーエールを加えて軽く混ぜ、氷を浮かべる。

MEMO

- 赤ワインは軽い風味のリーズナブルなものでOK。
- ワインとジンジャーエールは同量で合わせるのが基本です。

Type　パーティー向き
Taste　ライト
辛 ●━━●━★━●━━● 甘

ワインベース
のカクテル

Part1 初恋/ホットワイン

- Type: いつでも
- Taste: 個性的
- 辛 ──★── 甘

MEMO
●ワインとカルピス®の比重の違いで2層に仕上がります。カルピスはよく冷やしたほうがきれいな層に。

甘み、酸味、渋みが混ざり合った1杯。
初恋は甘いだけではなかった!?

初恋

Red Wine Cocktail

定番カクテル ★★★

材 料
赤ワイン ………… 120mℓ
カルピス®(原液) …… 大さじ2〜4

作り方
1. カルピス®はよく冷やしておく。
2. グラスに**1**を入れ、静かに赤ワインを注ぐ。飲むときは、マドラーで少しずつ混ぜながら飲む。

温かいカクテルといえばこれ。
ホームメードで楽しんで

ホットワイン

Red Wine Cocktail

定番カクテル

材料

赤ワイン	180ml
砂糖	大さじ2
レモンの皮	適量
シナモンスティック	1本
クローブ	1～2個
レモンの薄切り	1枚

作り方

1. レモンの薄切り以外の材料を小鍋に入れて火にかけ、沸騰直前に火を止める。
2. グラスに**1**を注ぎ、レモンの薄切りを添える。

MEMO

●紙パック入りのような安価な赤ワインを使ってこそおいしさが発揮できるカクテルです。高級ワインで作らぬように！

Type: 寝る前に
Taste: 濃厚
辛 ――★―― 甘

ワインベースのカクテル

コラム ❶

自分の好みに合う
ワインを見つけるには?

　ワインとなる主なぶどうの品種は以下のとおり。味と特徴をざっと覚えておくと、自分の好みに合うワインを探すときの手がかりとなります。なお、カクテルに使うワインは、味が濃くないリーズナブルなもので充分!

【 赤ワイン 】

● **カベルネ・ソーヴィニョン**
フランス・ボルドー地方の赤ワインを代表する高級品種。タンニンが多く、濃厚でしっかりとしたうまみが特徴。

● **メルロー**
タンニンがなめらかで上品な味わい。まろやかでコクがあります。

● **ピノ・ノワール**
フランス・ブルゴーニュで多く作られる、香り高いワイン。栽培も醸造も難しく、作り手の特徴がとくに出やすい品種。

● **シラー**
濃厚かつスパイシーな香りで、最もしっかりしたボディのワイン。

【 白ワイン 】

● **シャルドネ**
白ワインの代表的な品種として有名。甘みや酸味が突出することなく、比較的ニュートラルでバランスのよさが特徴。シャンパーニュにも使用される品種です。

● **ソーヴィニョン・ブラン**
グリーンなアロマが特徴。ハーブやスパイスのような独特の香りも。さわやかな酸味でキレのよいワインです。

● **リースリング**
フルーツやはちみつのような上品な香りとキレのよい酸味が特徴。心地よい甘みのワイン。

Part2
ビールベースの
カクテル
Beer Cocktail

フルーツ系のジュースや
リキュールなどいろいろなものと
組み合わせやすいビール。
気軽にカクテルを作ってみたいときには、
ビールベースがおすすめです。

Part2 パナッシェ

★ **定番カクテル** ★

炭酸の刺激がさわやかに
のどの渇きを潤します

パナッシェ

Beer Cocktail

材料

ビール	150mℓ
レモン風味の炭酸飲料	150mℓ

作り方

1. グラスにビールを注ぎ、炭酸飲料を加える。

MEMO

- フランス語で「混ぜ合わせた」という意味のカクテルです。
- サイダーやラムネなど、入手しやすい炭酸飲料でどうぞ。

Type	いつでも
Taste	ライト

辛 ─★─●─●─ 甘

ビールベースのカクテル

Part2 カンパリビアー／ぶどう割り

- Type: 食前に
- Taste: すっきり
- 辛 ★———— 甘

MEMO
●ホップの香りをカンパリがカバーするため、ビールが苦手な人でも飲みやすい1杯です。

ビールとカンパリの苦みが
ほのかに感じられる大人味

カンパリビアー

Beer Cocktail

定番カクテル ★★★

材料
ビール ……………………… 250㎖
カンパリ …………………… 50㎖

作り方
1. 冷やしておいたグラスにカンパリを入れ、混ざるようにビールをゆっくり注ぐ。あまり混ざっていないようならマドラーなどで軽くかき混ぜる。

「ちょっと疲れているな……」という
ときにおすすめ！　元気が出る1杯

ぶどう割り

Beer Cocktail

オリジナル
カクテル

材料
ビール ……………………………… 100㎖
グレープジュース …………… 100㎖

作り方
1. ビールとグレープジュースはよく冷やしておく。
2. グラスにビールを注ぎ、グレープジュースを加える。

Type いつでも
Taste フルーティー
辛 ●━━━★━━━● 甘

MEMO
● ビールはいろいろなジュースで割れるので、好みのものでぜひ試してみて。

ビールベースのカクテル

Part2 ミントビアー

- **Type** いつでも
- **Taste** さわやか

辛 ●—————★—————● 甘

MEMO
- ミントリキュールは刺激が強いので、少しずつ入れながら味をみて、お好みで調整を。

オリジナル
カクテル

気分はすっきり！
意外とクセになる味です

ミントビアー

Beer Cocktail

材料
ビール ·· 280㎖
ミントリキュール ····················· 大さじ1〜3

作り方
1. グラスにビールを注ぎ、ミントリキュールを加えて混ぜる。

ビールベースのカクテル

Part2 ● ビターシトラスビアー／トロイの木馬

| Type | いつでも |
| Taste | ライト |

辛 ─★─●─●─ 甘

オリジナル
カクテル

ランチや昼下がりに
お日様の下で味わいたいカクテル

ビターシトラス
ビアー

Beer Cocktail

材料

ビール ……………… 150㎖
グレナデンシロップ
　　　　　……… 大さじ1½
グレープフルーツジュース
　　　　　…………… 150㎖

MEMO
- マドラーでときどき混ぜながら飲みます。
- ビールとグレープフルーツの2つの苦みがよく合います。

作り方
1. グラスにグレナデンシロップを入れ、グレープフルーツジュース、ビールの順に静かに加える。

コーラの中にビールが隠れている!
これぞ「大人のコーラ」

トロイの木馬

Beer Cocktail

定番カクテル

材料
黒ビール	150ml
コーラ	150ml

作り方
1. 黒ビール、コーラ、グラスをよく冷やしておく。
2. グラスに黒ビールを注ぎ、コーラを加える。

ビールベースのカクテル

MEMO
●色の変化がなく、コーラの中にビールが隠れているように見えるため、木馬の中に人が隠れていたという「トロイの木馬」のエピソードにちなんでこの名前があります。

Type いつでも
Taste すっきり
辛 ー●ー★ー 甘

Part2 ビターオレンジ／シャンディガフ

オリジナルカクテル

小さめのグラスで作れば
キュートなカクテルに！

ビターオレンジ

Beer Cocktail

材料

ビール ……………… 50㎖
オレンジジュース …… 50㎖

作り方

1. グラスにビールを注ぎ、オレンジジュースを加えて混ぜる。

- Type　食前に
- Taste　ライト
- 辛　─★─　甘

MEMO
●生のオレンジを絞ったフレッシュオレンジジュースで作ると抜群のおいしさ。

MEMO
●ジンジャーエールは辛口（ドライ）タイプのものを使うとキリリとした味わいになります。

| Type | いつでも |
| Taste | さわやか |

辛 ★━━●━━●━━甘

ビールベースのカクテル

のどごしのよさが楽しめる夏におすすめの1杯

シャンディガフ

Beer Cocktail

定番カクテル ★★★

材料
ビール ……………………… 150㎖
ジンジャーエール ………… 150㎖

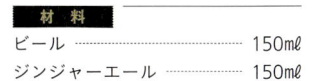

作り方
1. ビールとジンジャーエールはよく冷やしておく。
2. グラスにビールを注ぎ、ジンジャーエールを加える。

Part2 カシスビアー

定番カクテル

甘いカシスの風味が
ビールの苦みをカバー

カシスビアー

Beer Cocktail

材料
ビール ……………… 180㎖
クレーム・ド・カシス
……………… 大さじ1〜2

作り方
1. グラスにビールを注ぎ、クレーム・ド・カシスを加えて混ぜる。

| Type | いつでも |
| Taste | フルーティー |

辛 ●———●———★———●———● 甘

ビールベースのカクテル

MEMO
●リキュール1本で簡単にビールカクテルができるので、お花見などのアウトドアでも手軽に楽しめます。

Part2 ビールの梅酒割り/レッドアイ

- Type: 食前に
- Taste: すっきり
- 辛 ──★── 甘

MEMO
●梅の酸味がさわやか。暑い夏に特におすすめのカクテルです。

梅酒サワーにも似た味わいで女子に大人気のカクテル

ビールの梅酒割り

Beer Cocktail

オリジナルカクテル ★★★

材料
ビール	120mℓ
梅酒	60mℓ
梅酒の梅の実	1個

作り方
1. グラスに梅酒と梅の実を入れ、ビールを勢いよく泡立てるように注ぐ。

「迎え酒」ともいわれますが、
フレッシュな味わいを楽しんで！

レッドアイ

Beer Cocktail

★★★ 定番カクテル

材料
ビール	150㎖
トマトジュース	150㎖

作り方
1. ビール、トマトジュース、グラスはよく冷やしておく。
2. グラスにビールを注ぎ、トマトジュースを加えて混ぜる。

Type 食前に
Taste 濃厚
辛 ●———— 甘

ビールベースのカクテル

MEMO
●映画「カクテル」では、卵の黄身とタバスコを加えたものが登場しますが、ここではシンプルなレシピを紹介。

Column コラム❷

知れば知るほど
奥が深かったビール

　日本では炭酸の清涼感とホップの苦みを特徴とするラガービールが主流ですが、世界各国にはさまざまな種類があります。醸造方法によって、上面発酵ビール、下面発酵ビール、自然発酵ビールの3種類に大きく分けられ、軽く爽快感のあるものからコクのある深い味わいのものまで、実はとっても奥の深いお酒なのです。
「ビールの仲間」として近年、安価でカロリーが控えめな新ジャンルと呼ばれるものや発泡酒などもすっかりおなじみに。
　決して「単純」ではないビール。いろいろ試さなきゃ損です！

● 上面発酵ビール
　比較的高温で発酵させたもので、華やかな味わいが特徴。

● 下面発酵ビール
　低温でゆるやかに発酵させるので、炭酸ガスが溶け込み、まろやかですっきりとした飲み心地。日本のビールに一番多くなじみのあるタイプ。

● 自然発酵ビール
野生の酵母を使って発酵させたもので、酵母によっていろいろな独特の香味を持つ。

Part3
焼酎ベースのカクテル
Shochu Cocktail

最近ブームの焼酎カクテル。
自由にアレンジがきくから、
いろいろ楽しめます！
味の指定のないものに関しては、
自分の好きな焼酎で試してみてください。
ただし、芋焼酎は味にクセがあるので、
カクテルによっては合わないものも。

Part3 フローズン梅酒ソーダ

- **Type**: パーティー向き
- **Taste**: さわやか

辛 ●—★—●—●—● 甘

**オリジナル
カクテル**

シャリシャリ、シュワシュワ。
スムージー感覚で楽しんで

フローズン梅酒ソーダ

Shochu Cocktail

材料

梅酒	60mℓ
炭酸水(無糖)	60mℓ

作り方

1. 梅酒は製氷皿に入れて冷凍庫で凍らせる。
2. グラスに**1**を入れ、炭酸水を注ぎ、マドラーを添える。

MEMO
- マドラーでかき混ぜながら召し上がれ!
- サイダーやラムネなど、入手しやすい炭酸飲料でどうぞ。

Part3 焼酎モヒート／焼酎フローズンマルガリータ

オリジナルカクテル ★★★

ラムと同じさとうきびが原料の黒糖焼酎で
作った「和製」モヒート

焼酎モヒート

Shochu Cocktail

材料

黒糖焼酎	50mℓ
ミント	適量
ライムシロップ	大さじ2
氷	3個
炭酸水（無糖）	100mℓ
ライムの薄切り	1枚

作り方

1. グラスにミントとライムシロップ（ない場合は、ライムの絞り汁大さじ2に砂糖小さじ2を加えたもので代用）を入れ、すりこ木やマドラーなどでミントをつぶして香りを出す。
2. 焼酎と氷を加えてミントを足し、炭酸水を注いでライムの薄切りを飾る。

!Type パーティー向き
!Taste すっきり
辛 ─★─ 甘

!Type いつでも
!Taste 個性的

辛 ——★——— 甘

MEMO
●焼酎は黒糖焼酎以外のものでもOK。ライムジュースがない場合は、ライムの絞り汁大さじ1に砂糖小さじ1を加えたもので代用できます。

焼酎ベースのカクテル

テキーラを焼酎にかえるだけで驚き！のまろやかさに
焼酎フローズンマルガリータ

オリジナルカクテル

Shochu Cocktail

材料

黒糖焼酎	大さじ2
コアントロー	大さじ1
ライムジュース	大さじ1
氷	5～6個
塩	適量

作り方

1. 塩以外の材料をミキサーにかける（氷は、ロックアイスを使うならアイスピックで2つ～3つに砕いてからミキサーに入れる）。
2. グラスの縁を湿らせて塩をつけ、**1**を注ぐ。

Part3 焼酎ソルティードッグ／ネクターサワー

シンプルで美味！ できれば
フレッシュジュースで作りたい

焼酎ソルティードッグ

Shochu Cocktail

オリジナルカクテル

材料

焼酎(甲種)	50ml
グレープフルーツジュース	100ml
塩	適量

作り方

1. 焼酎とグレープフルーツジュースはよく冷やしておく。
2. グラスの縁を湿らせて塩をつけ、**1**を注ぎ入れて混ぜる。

!Type いつでも
!Taste フルーティー
辛 ー★ーーー 甘

MEMO

●生のグレープフルーツを絞って使う場合は、絞る前の実をよく冷やしておきましょう。

- **Type**: パーティー向き
- **Taste**: ライト

辛 ●————————— 甘

オリジナルカクテル

焼酎ベースとは思えない!
おしゃれで女子会にぴったり

ネクターサワー

Shochu Cocktail

材料

焼酎(甲種)	大さじ2
ネクター®	100mℓ
炭酸水(無糖)	100mℓ
氷	3〜4個

作り方

1. グラスに氷を入れて焼酎を入れ、ネクター®と炭酸水を加えて混ぜる。

MEMO

● 焼酎はフルーツジュースと好相性。いろいろな味で試してみて。

焼酎ベースのカクテル

Part3 🍷 焼酎のトマトジュース割り

| !Type | 食前に |
| !Taste | 濃厚 |

辛 ★―・―・―・―・― 甘

オリジナル カクテル

元々はウォッカを使う ブラッディ・マリーの焼酎版

焼酎の トマトジュース割り

Shochu Cocktail

材料

焼酎	80mℓ
トマトジュース	80mℓ
氷	2〜3個
レモンの薄切り	1枚
セロリ	適量

作り方

1. グラスに氷を入れて焼酎とトマトジュースを注ぎ、レモンとスティック状に切ったセロリを添える。

焼酎ベースのカクテル

MEMO
● お好みでタバスコをふりかけてもおいしく飲めます。

Part3 コーヒー焼酎割り／豆乳焼酎

オリジナルカクテル ★★★

ぜひストレートで楽しんで。
チョコやお菓子とも好相性！

コーヒー焼酎割り
Shochu Cocktail

材料 （焼酎1本分）
焼酎(甲種) ……… 1本(720mℓ)
コーヒー豆(好みのもので)
……… 50〜60g

作り方
1. 焼酎のボトルから焼酎50mℓほどを抜き、コーヒー豆をそのまま加える。冷蔵庫で5日以上静かに寝かせる。
2. 小さめのグラスに好みの量を注ぐ。

MEMO
●常温におくと早く色が出ますが、雑味も出やすいので冷蔵庫に入れてゆっくりとコーヒーの風味と色を焼酎に移していくようにして。

- Type： 食後に
- Taste： ドライ
- 辛 ★ 甘

まず豆乳の風味が広がったあとにふわっと焼酎が香ります

豆乳焼酎

Shochu Cocktail

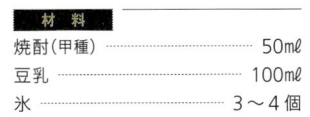

オリジナル
カクテル

材料

焼酎(甲種)	50㎖
豆乳	100㎖
氷	3〜4個

作り方

1. グラスに氷を入れ、焼酎と豆乳を注いで混ぜる。

- Type：いつでも
- Taste：濃厚
- 辛 ★―――― 甘

焼酎ベースのカクテル

MEMO
●野菜、鶏肉、豚肉などの料理や珍味などとの相性もよく、意外なおいしさが楽しめるカクテルです。

Part3 かぼすロック／焼酎の梅割り

- **Type** いつでも
- **Taste** ドライ

辛 ★━━━━━ 甘

> **MEMO**
> ●片口に氷を入れて、かぼすのスライスを入れたところに、焼酎を少しずつ足して飲んでいくというスタイルでもOK。

さわやかなかぼすで すーっとした口当たりに

かぼすロック

Shochu Cocktail

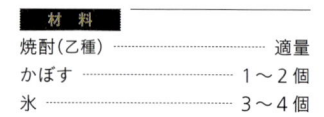

★★★ オリジナルカクテル

材料

焼酎（乙種）	適量
かぼす	1〜2個
氷	3〜4個

作り方

1. かぼすはできるだけ薄い輪切りにする。
2. グラスにかぼすと氷を入れ、好みの量の焼酎を加えて混ぜる。飲み干したらそのまま焼酎を随時加える。

思いのほか口当たりがよいので、
飲みすぎに注意!

焼酎の梅割り

Shochu Cocktail

オリジナルカクテル ★★★

材料

焼酎(甲種) ………………… 150㎖
梅シロップ(または辛口の梅酒)
………………………… 好みの量

作り方

1. 焼酎、梅シロップ、グラスはよく冷やしておく。
2. グラスに焼酎を注ぎ、梅シロップを加える。

!Type いつでも
!Taste すっきり
辛 ─★─── 甘

焼酎ベースのカクテル

MEMO

● グラスに入れたら混ぜずに自然にシロップが混ざるのを楽しみながら飲みます。

Part3 ジンジャーリッキー／焼酎ハイボール

!Type いつでも
!Taste ライト

辛 ●━━★━━━● 甘

定番カクテル ★★★

スパイシーなおつまみにもぴったり。 とてもおしゃれな1杯！

ジンジャーリッキー

Shochu Cocktail

材 料

焼酎（甲種）	50mℓ
ライムのくし形切り	1切れ
ジンジャーエール	100mℓ
氷	3〜4個

作り方

1. グラスに氷を入れて焼酎を注ぎ、ライムを絞って軽く混ぜる。
2. ジンジャーエールを加え、絞り終えたライムも添える。

MEMO

● ジンジャーエールは甘口・辛口好みで。辛口にすると、かなりパンチのきいたカクテルに。

| Type | いつでも |
| Taste | すっきり |

辛 ★━━━━━ 甘

焼酎ベースのカクテル

MEMO
●ウイスキーを炭酸水で割ったハイボールを模してできたのがこのカクテル。酎ハイとは、焼酎ハイボールの略。

**下町のハイボール。
これぞ正統派の「酎ハイ」**

焼酎ハイボール

Shochu Cocktail

定番カクテル ★★★

材料

焼酎(甲種)	60㎖
梅シロップ(または辛口の梅酒)	大さじ1〜2
炭酸水(無糖)	180㎖
氷	2〜3個
レモンの半月切り	1枚

作り方

1. グラスに氷を入れて焼酎を注ぎ、梅シロップを加える。
2. 炭酸水を加えて混ぜ、レモンを浮かべる。

Column コラム ❸

原料によって味の異なる焼酎。その違いは?

　焼酎は、日本酒を造る伝統のなかった九州で生まれたお酒。近年、地元でしか飲まれていなかった焼酎が全国に流通するようになりましたが、生産量の少ない蔵元も多く、入手困難なプレミアム焼酎も。米や麦焼酎がわりあいカクテル向き。芋や黒糖焼酎は味が強めなので、カクテルに使う場合は味をみながら試してみて。

● 米焼酎
味や香りは日本酒に近く、上品で飲みやすい。すっきりした味わいから濃厚なものまでさまざま。

● 麦焼酎
口当たりが軽くてクセのないのが特徴。濃いタイプから、樽熟したもの、香ばしいタイプなどがある。

● 芋焼酎
さつまいも独特の甘い香りが特徴で、使用するいもや麴によって味や香りが変わる通好みの焼酎。

● 黒糖焼酎
さとうきびから作った黒糖が原料で、「日本のラム酒」ともいえる存在。甘くフルーティーでやわらかな口当たりが特徴。

Part4
日本酒 & 紹興酒 & マッコリ ベースのカクテル

Sake Cocktail

日本酒が苦手という人でも
飲めるカクテルばかりです。
和食のみならず、
さまざまな料理にも合わせやすく、
ぜひ覚えておきたいレシピを厳選。

Part4 菊酒

定番カクテル

ほのかな菊の香り。
日本人って素敵! と思えるお酒

菊酒

Sake Cocktail

材料 (1合分)

日本酒 ················· 1合(180㎖)
食用菊(丸ごとでも花びらのみちぎって使っても)
················· 1輪

作り方

1. 菊をグラスに入れ、日本酒を注ぐ。

MEMO

- すぐ飲むのもよし、香りが移るのを待つのもよし! ただし菊の花は香りを楽しむためのものなので、食べないように!
- 温めた日本酒に菊の花を入れても。
- 中秋の名月や重陽の節句(9月9日)によく飲まれていた伝統の味。

Type	食前に
Taste	華やか

辛 ★━━━━━● 甘

日本酒ベースのカクテル

Part4 なつめ酒／ホット柚子酒

- **Type** 寝る前に
- **Taste** 個性的

辛 ★————— 甘

MEMO
●なつめは強壮作用や鎮静作用で知られています。しょうが汁を加えれば体が温まり、風邪予防におすすめ。

懐かしい味わいのなつめ。
風味と甘みがじんわり移ったら飲んで

なつめ酒

Sake Cocktail

オリジナルカクテル ★★★

材料
日本酒 ……………………… 130mℓ
なつめ ……………………… 1〜2個

作り方
1. なつめは種をとり除いて5mm角に刻み、ふたがついた耐熱のグラスに入れる。
2. 日本酒を温めて**1**に注いでふたをし、そのまま少しおいて蒸らす。

温めることでアルコール分がとび、
優しい味わいになります

ホット柚子酒

Sake Cocktail

オリジナル カクテル

材料
日本酒 ……………………… 100mℓ
柚子茶（または柚子ジャム）
……………………………… 大さじ2

作り方
1. 小鍋に日本酒を入れて火にかけ、熱めに燗をする。
2. 柚子茶をカップまたは耐熱のグラスに入れて**1**を注ぎ、かき混ぜる。

| Type | 寝る前に |
| Taste | さわやか |

辛 ●—●—●—★—● 甘

日本酒ベースのカクテル

MEMO
● 風邪気味のときにおすすめの1杯です。

Part4 春の雪

Type	食後に
Taste	個性的

辛 ——★—— 甘

定番カクテル

名前は優しいイメージだけど
味わいはなかなかストロング！

春の雪

Sake Cocktail

材料

日本酒	大さじ2
抹茶（粉砂糖入りのグリーンティー）	大さじ1
湯	大さじ1
ジン	大さじ1
氷	3〜4個

作り方

1. ミキシング用のグラスに抹茶と湯を合わせて練り混ぜる。
2. 1に氷を加え、日本酒とジンを加えて混ぜ、氷は入れずにグラスに注ぐ。

MEMO

● 本来のレシピでは、抹茶リキュールと日本酒、ジンを使ったカクテルです。

Part4 サケティーニ／酒トニック

!Type 食後に
!Taste ドライ
辛 ★━━━━━ 甘

オリジナル
カクテル

ジンの代わりに日本酒を使った
マイルドなマティーニ

サケティーニ

Sake Cocktail

材料

日本酒	大さじ3
ドライ・ベルモット	大さじ1
氷	3〜4個
レモンの皮	少々
オリーブ	1個

作り方

1. ミキシング用のグラスに氷と、ドライ・ベルモットを入れて混ぜ、さらに日本酒を加えて混ぜ、氷は入れずにグラスに注ぐ。
2. グラスの縁でレモンの皮を指できゅっとつまむようにして香りづけし、オリーブをピックに刺して飾る。

MEMO
● マティーニが苦手な人でも、飲みやすい仕上がりなのでぜひ挑戦してみて。

| Type | いつでも |
| Taste | すっきり |

辛 ━━━★━━━ 甘

MEMO
●日本酒は辛口の本醸造酒などが合います。

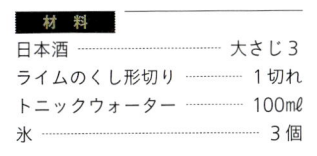

日本酒ベースのカクテル

さっぱりとしてポップな味わい。
夏の昼下がりにいかが

酒トニック

Sake Cocktail

オリジナル カクテル ★★★

材料
日本酒	大さじ3
ライムのくし形切り	1切れ
トニックウォーター	100mℓ
氷	3個

作り方
1. グラスに氷と日本酒を入れ、ライムを絞る。
2. トニックウォーターを加え、絞り終えたライムも加える。

Part4 酒フルーツクラッシュ

- !Type パーティー向き
- !Taste フルーティー

辛 ●━━━━★━━━━● 甘

オリジナルカクテル

テクニックいらずで簡単。でも、おしゃれでおいしい

酒フルーツクラッシュ

Sake Cocktail

材料

日本酒	60mℓ
キウイフルーツ	1/2個
砂糖	小さじ1/2
レモン汁	小さじ1/2
クラッシュアイス	カップ1/2
ミント	適宜

作り方

1. キウイフルーツは皮をむいてざく切りにし、グラスに入れる。砂糖とレモン汁を加えてスプーンなどで軽くつぶす。
2. 日本酒を注ぎ、クラッシュアイスを加え、あればミントを飾る。

MEMO
- 友人をおもてなしするときなどにおすすめ。
- キウイ以外に、いよかん、デコポン、河内晩柑などオレンジ系のフルーツでも美味。

Part4 サムライロック／マッコリービアー

!Type	いつでも
!Taste	さわやか

辛 —★——— 甘

> **MEMO**
> ●知らずに飲むと何がベースなのかがわからないミステリアスなカクテルです。

日本酒のイメージががらりと変わる
夏にもおすすめなさわやかな1杯

サムライロック

Sake Cocktail

定番カクテル ★★★

材料

日本酒	大さじ3
ライムシロップ	大さじ1
氷	3〜4個
ライムの薄切り	1枚

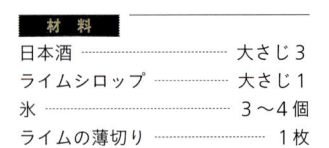

作り方

1. グラスに氷を入れ、日本酒とライムシロップを加えて混ぜ、ライムを飾る。

**韓国家庭料理のお店で教えてもらった
とっておきの味**

マッコリービアー

Sake Cocktail

定番
カクテル

材料

マッコリー	100mℓ
ビール	100mℓ

作り方

1. マッコリーとビールはよく冷やしておく。
2. グラスにマッコリーを注いでからビールを加える。

!Type　いつでも
!Taste　さわやか

辛 ←―★―→ 甘

日本酒ベースのカクテル

MEMO
● マッコリーは、日本酒でいう「にごり酒」で、口当たりがやや重いのですが、このレシピならさっぱりと飲むことができます。

Part4 ドラゴンウォーター/香港フィズ

- Type: パーティー向き
- Taste: すっきり
- 辛 ★━━━━━━ 甘

MEMO
● 不思議とさっぱり、オリエンタル風カクテルです。

意外な組み合わせでも中華料理とはすばらしい相性!
ドラゴンウォーター

Sake Cocktail

★ 定番カクテル ★ ★

材料
紹興酒	100ml
ウーロン茶	100ml
クラッシュアイス	適量
ミント	適量

作り方
1. グラスにクラッシュアイスを入れ、紹興酒とウーロン茶を注いで混ぜ、ミントを飾る。

定番カクテル

!Type いつでも
!Taste すっきり
辛 ———★—— 甘

紹興酒の香りが隠れて、
口当たりよく飲みやすい

香港フィズ

Sake Cocktail

材料

紹興酒	100mℓ
ジンジャーエール	100mℓ
氷	3～4個

作り方

1. グラスに氷を入れ、紹興酒を注いで混ぜる。
2. ジンジャーエールを加えて軽く混ぜる。

日本酒ベースのカクテル

MEMO
● 紹興酒が苦手という人でも、これならおいしく飲めるはず。

Column コラム ④

知っておきたい
日本酒豆知識

　日本酒は、最後の仕上げにほんの少量醸造用アルコールを添加して、米のうまみや香りを抽出させて作る本醸造酒、米と麹だけで醸すコクのある純米酒の2つに大きくわかれます。吟醸酒、大吟醸酒も両方の作り方があり、純米酒の方法で造った場合、純米吟醸、純米大吟醸と呼ばれます。

● 本醸造系
風味豊かで軽快な飲み口が特徴。冷酒から燗酒までいろいろな温度で楽しまれる酒。

● 純米酒
うま味が豊かで、コクのしっかり出るタイプ。米と米麹のみで作られるので、より米の持つ味わいを出すことができる。

● 吟醸酒
米の表面を多く削り、雑味をなくして低温で発酵させたもの。フルーティーな香りで華やか。精米歩合（米の表面を削り残った割合）で吟醸・大吟醸に分けられる。

Part5
ウイスキー&ジン&ウォッカ ベースのカクテル
Whisky Cocktail

「ちょっと大人の味」が
飲みたいときにおすすめなのが、
ウイスキーベースのカクテル。
大人気のハイボールをはじめ、
手軽で飲みやすいものばかりです。

Part5 オレンジハイボール

!Type	パーティー向き

!Taste	フルーティー

辛 ——★—— 甘

オリジナル カクテル

**女子会での1杯に
こんなレシピはいかがでしょう?**

オレンジハイボール

Whisky Cocktail

材料

ウイスキー	30mℓ
オレンジジュース	45mℓ
炭酸水(無糖)	90mℓ
氷	3〜4個
オレンジ	適量

作り方

1. グラスに氷を入れ、ウイスキーとオレンジジュースを加える。
2. 炭酸水を注いで割り、飾り切りにしたオレンジを添える。

MEMO

- 仕上げに生のオレンジを1切れ添えると香りがいちだんとアップ。
- ジュースは市販の濃縮還元タイプのものがおすすめです。

Part5 ハイボール／ウイスキーコーク

!Type いつでも
!Taste すっきり
辛 ★━━━━━ 甘

★★★
定番カクテル

定番のカクテル。シンプルだからこそ
作り方で味に差が！

ハイボール

Whisky Cocktail

材料
ウイスキー ──────── 60㎖
炭酸水(無糖) ──────── 120㎖
レモンの皮 ──────── 少々

作り方
1. ウイスキー、炭酸水、グラスはよく冷やしておく。
2. グラスにウイスキーを注ぎ、炭酸水を静かに加えて軽く混ぜ、レモンの皮を指できゅっとつまむようにして加え、香りづけする。

MEMO
●氷を入れないほうが、ウイスキーの風味がより味わえ、炭酸もよく感じられます。

| Type | いつでも |
| Taste | ライト |

辛 ——★—— 甘

MEMO
●ピザ、お好み焼きなど、お手軽なフードメニューと相性が抜群です。

ウイスキーベースのカクテル

おなじみの味。60年代オールディーズが聞こえてきそう!?

ウイスキーコーク

Whisky Cocktail

定番カクテル

材料

ウイスキー	45mℓ
コーラ	150mℓ
氷	3〜4個
レモンのくし形切り	1切れ

作り方

1. グラスに氷を入れ、ウイスキーを注いで混ぜる。
2. コーラを静かに加えて軽く混ぜ、レモンを浮かべる。

Part5 アイスウイスキーコーヒー／ウイスキーウーロン

!Type 食後に
!Taste 個性的
辛 ー・ー・ー・ー 甘

オリジナル カクテル ★★★

コーヒーの香りとウイスキーの苦みが交互にやってくる

アイスウイスキーコーヒー

Whisky Cocktail

材料
ウイスキー ………… 大さじ1〜3
アイスコーヒー（無糖）
……………………… 150ml
氷 …………………… 3〜4個
生クリーム ………… 適宜

作り方
1. グラスに氷を入れてアイスコーヒーを注ぎ、ウイスキーを加えて軽く混ぜる。
2. 好みで生クリームを加える。

MEMO
●生クリームは、残りが1/3量ほどになったところで加えてもよいでしょう。1杯で2度楽しめます！

| Type | 食後に |
| Taste | すっきり |

辛 ★ ● ● ● 甘

MEMO
●ウイスキーの苦みのある後味が気にならず、すっと2口目へと飲み進められます。

ウーロン茶のさっぱり感と渋みがウイスキーにもマッチ

ウイスキーウーロン

Whisky Cocktail

定番
カクテル

材　料	
ウイスキー	45㎖
ウーロン茶	100㎖
氷	3～4個
レモンのくし形切り	1切れ

作り方

1. グラスに氷を入れてウイスキーを注ぎ、ウーロン茶を加えて混ぜる。レモンを添える。

Part5 ロシアンウイスキーティー

| Type | 食後に |
| Taste | 華やか |

辛 ――★―― 甘

MEMO
● カップの底に沈んだジャムをしっかり混ぜてから飲みます。
● 食後のお茶がわりにもぴったりです。

オリジナル カクテル

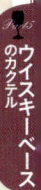

甘いロシアンティーが大人の味に。
男性にも喜ばれるはず

ロシアンウイスキーティー

Whisky Cocktail

材料

ウイスキー	大さじ1～3
紅茶の茶葉	小さじ1 ½
湯	150mℓ
いちごジャム	大さじ2

作り方

1. 沸かした湯に茶葉を入れて紅茶をいれる。
2. 耐熱のカップにジャムを入れ、茶こしを使って**1**を注いでウイスキーを加える。

ウイスキーベースのカクテル

定番カクテル

オリエンタルな香りととろりとした
甘みが幸せな食後酒

ゴッドファーザー

Whisky Cocktail

材料

ウイスキー	45ml
アマレット	15ml
氷	2～3個

作り方

1. ロックグラスに氷を入れてウイスキーを注ぎ、アマレットを加えて軽く混ぜる。

MEMO
● アマレットはあんずの種の中にある核をつけ込んだリキュールで、杏仁豆腐と共通する香りが特徴です。

Type 食後に
Taste 濃厚
辛 ——★——— 甘

MEMO

- やさしい甘みのホットカクテルです。スパイスが加わればまさに自家製健康酒。体の芯から温まります。
- 寒い日のアウトドアでのイベントのあとなどに、みんなで飲むと気分が盛り上がります。

ウイスキーベースのカクテル

Type	寝る前に
Taste	個性的

辛 ——— 甘

寒い冬の夜におすすめの
体も心も温まる1杯

ホットウイスキー・トディー

Whisky Cocktail

定番カクテル ★★★

材料

ウイスキー	45㎖
角砂糖	1個(4g)
湯	120㎖
クローブ	1個
シナモンスティック	1本
レモンの皮	適量

作り方

1. 耐熱のグラスに角砂糖とウイスキーを入れ、アツアツのお湯を注ぐ。クローブ、シナモンスティック、レモンの皮を添える。

Part5 トマトウォッカトニック

MEMO
- 最後はトマトもぜひ召し上がれ！
- トマトがフルーティーに変身します。トマトが苦手な人もチャレンジしてみて。

Type 食前に
Taste すっきり

辛 ★————— 甘

オリジナル カクテル

隠し球と言ってもよい、とっておきのカクテル

トマト ウォッカトニック

Whisky Cocktail

材料

ウォッカ	45ml
フルーツトマト	1個
トニックウォーター	100ml
氷	3〜4個

作り方

1. トマトは6等分のくし形に切って皮をむき、種をとり除く。
2. グラスにトマトを入れてウォッカをふりかけ、マドラーなどで軽くトマトをつぶし、氷を加えてトニックウォーターを静かに注ぐ。

ウイスキーベースのカクテル

Part5 アールグレイウォッカ／金柑トニック

| Type | パーティー向き |
| Taste | 華やか |

辛 ★━━━━━━ 甘

★ オリジナルカクテル ★ ★

紅茶のカクテルはおいしくて病みつきになりそう

アールグレイウォッカ

Whisky Cocktail

材料

- ウォッカ ……… 大さじ1〜3
- アールグレイのアイスティー（無糖・市販）……… 100mℓ
- 氷 ……… 3〜4個
- ミント ……… 適量

作り方

1. グラスに氷とウォッカを入れ、アイスティーを加えて軽く混ぜる。ミントを添える。

MEMO

●アイスティーとウォッカをよく冷やして氷を入れずに作ってもよい。アイスクリームを浮かべても美味。

柑橘とジンの香りがミックスされて
絶妙の風味に！

金柑トニック

Whisky Cocktail

オリジナル
カクテル

材料

ジン	45mℓ
金柑	2個
砂糖	小さじ1
トニックウォーター	45〜90mℓ
クラッシュアイス	カップ½

作り方

1. 金柑は横半分に切り、種をとり除く。グラスに入れてジンと砂糖をふりかけ、そのまましばらくおく。
2. マドラーなどで**1**の金柑を軽くつぶし、クラッシュアイスを加え、トニックウォーターを注ぐ。

Type 食後に
Taste すっきり
辛 ─★─┼─── 甘

ウイスキーベースのカクテル

MEMO
● 砂糖が溶けて金柑から自然にジュースが出てくるまで、ジッと待つのがポイント。

Column
コラム ❺

ただいま人気上昇中！ウイスキーの魅力とは？

「食後にたしなむ、強くて重厚感のあるお酒」「敷居が高い」といったイメージの強かったウイスキーですが、ここ数年のハイボール（ウイスキーのソーダ割り）ブームでその人気が復活！ ソーダで割ることによって、ウイスキーがカジュアルなものに生まれ変わり、かつてのワインブームを知らない若い世代には"新しいお酒"として受け入れられるようになりました。その影響で、長く低迷していた消費量は久々に上昇中とのこと。

ひとくちにウイスキーといっても、種類はさまざまで、知れば知るほど奥の深いお酒です。産地によって原材料や製法に違いがあり、アイリッシュ・スコッチ・アメリカン・カナディアン・ジャパニーズウイスキーに大きく分類されます。スコッチやアメリカンで代表的なバーボンは比較的個性が強く、アイリッシュやジャパニーズはマイルド、カナディアンはライトでおとなしい風味といわれています。

カクテルに使うなら、熟成期間の長い高価なものより、1000円台のリーズナブルなウイスキーのほうが適しているかもしれませんね。

ウイスキーは糖分が低く、ポリフェノールもふんだんにふくまれているという、意外にも健康的なお酒。大人女子にもぴったりのお酒といえそうです。

Part6
ノンアルコール カクテル
Nonalcoholic Cocktail

味も見た目も限りなくお酒っぽい、
でもノンアルコール！のカクテルを
セレクトしました。
これならお酒が飲めない人でも、
飲み会で一緒に楽しめます！

Part6 ビターオレンジ／グレープフルーツハイ

フレッシュなフルーツドリンクが
新たに誕生！

ビターオレンジ

Nonalcoholic Cocktail

オリジナルカクテル ★★★

材料

ノンアルコールビール
　　　　　　　　150mℓ
オレンジジュース …… 150mℓ
オレンジ …………… 1切れ

作り方

1. ノンアルコールビール、オレンジジュース、グラスはよく冷やしておく。
2. グラスにノンアルコールビールを注ぎ、ジュースを加えて軽く混ぜ、飾り切りにしたオレンジを添える。

!Type　パーティー向き
!Taste　さわやか
辛───★───甘

MEMO
● オレンジジュースがベース。にもかかわらずビターな後味で、大人のカクテルに仕上がっています。

!Type	いつでも
!Taste	さわやか

辛 ●━━★━━━●━━━● 甘

オリジナル
カクテル ★★★

食事にも合うさわやかな後味の1杯
グレープフルーツハイ
Nonalcoholic Cocktail

ノンアルコールカクテル

材料

グレープフルーツジュース	150mℓ
炭酸水(無糖)	150mℓ
氷	3〜4個
グレープフルーツのくし形切り	1切れ

作り方

1. グラスに氷を入れてグレープフルーツジュースを注ぎ、炭酸水を静かに加え、グレープフルーツのくし形切りを添える。

MEMO
● グレープフルーツと炭酸は最高の相性。さっぱりしたいときにおすすめのカクテルです。

Part6 フルーツレモネード

オリジナル カクテル

かわいくておしゃれ。
パーティーの最初の1杯に喜ばれそう

フルーツレモネード

Nonalcoholic Cocktail

材料

フレッシュフルーツ数種類 …… 各適量
レモン汁 ……………… 小さじ1
グラニュー糖 …………… 小さじ1/2
サイダー（甘みあり） …… 100ml

作り方

1. フルーツは小さい角切りにしてグラスに入れ、レモン汁とグラニュー糖をふりかけてしばらくおく。
2. 1に静かにサイダーを注ぐ。

- Type: 食前に
- Taste: フルーティー
- 辛 ——— 甘

ノンアルコール カクテル

MEMO
●フルーツはキウイフルーツやオレンジ、いちごなど、季節のものや好みのものを。
●フルーツにウォッカやラムを少々ふりかけて、アルコール入りのものと2種類用意するのもよいでしょう。

Part6 白ワインジュース／赤ワインジュース

オリジナルカクテル

ぶどうジュースとは違った
大人の味わいが楽しめる

白ワインジュース

Nonalcoholic Cocktail

材料 （作りやすい分量）

白ワイン	ハーフボトル1本（375ml）
はちみつ	大さじ5
レモン汁	1/2個分
レモンの薄切り	適量
ミント	適量

作り方

1. 鍋に白ワインを入れ、煮きってアルコール分をとばし、火を止める。
2. 1にはちみつとレモン汁を加えて混ぜる。
3. よく冷やして適量をグラスに注ぎ、レモンの薄切りとミントを加える。

MEMO
- 白ワインは風味の軽いものがおすすめです。

!Type　いつでも
!Taste　さわやか
辛 ─────── 甘

!Type　いつでも
!Taste　フルーティー
辛 ——★—— 甘

オリジナルカクテル ★★★

オレンジとシナモンは
赤ワインを引き立てる名サポーター

赤ワインジュース

Nonalcoholic Cocktail

ノンアルコールカクテル

材料 （作りやすい分量）

赤ワイン
　ハーフボトル1本（375mℓ）
A
　砂糖 …… 大さじ3〜4
　シナモンスティック …… 1本
　オレンジの皮 …… 数枚
オレンジの絞り汁 …… 1/2個分
B
　シナモンスティック …… 適量
　オレンジのくし形切り …… 適量

作り方

1. 鍋に赤ワインと**A**を入れ、煮きってアルコール分をとばし、火を止める。
2. 1にオレンジの絞り汁を加える。
3. よく冷やして適量をグラスに注ぎ、**B**を添える。

MEMO

●赤ワインは濃厚なものより、甘口・辛口問わず風味の軽いもので作るのがおすすめです。

Part6 ノンアルコール・しょうが酒／カルピスビアー

- Type: 寝る前に
- Taste: 軽め
- 辛 ─●─★─●─ 甘

MEMO
●しょうがの薄切りをはちみつ漬けにして常備しておくと便利です。煮きった日本酒と合わせるだけででき上がり！

寒い季節、おうちでほっこりしたいときの
ノンアルコール・しょうが酒
Nonalcoholic Cocktail

オリジナルカクテル ★★★

材料
日本酒	80mℓ
しょうがの薄切り	1かけ分
はちみつ	大さじ1
しょうが汁	少々

作り方
1. 耐熱のグラスなどにしょうがの薄切りとはちみつを入れてそのまま少しおく。
2. 小鍋に日本酒を入れてしょうが汁をたらし、煮きってアルコール分をとばす。
3. **1**に**2**を注ぐ。

ビール気分がしっかり味わえる
ユニークなカクテル

カルピスビアー

Nonalcoholic Cocktail

オリジナル
カクテル

材料
ノンアルコールビール ……… 180mℓ
カルピス®(原液) …………… 大さじ3

作り方
1. グラスにカルピス®を入れ、ノンアルコールビールをゆっくり静かに注ぐ。

!Type　いつでも
!Taste　すっきり
辛 ──★── 甘

ノンアルコールカクテル

MEMO
● カルピス®とビールが2層になるようにグラスに注ぎ入れ、マドラーなどで混ぜながら楽しみましょう。

Part 16 ブルーベリービアー／マンゴーグレナデンソーダ

ビールとワインの中間のような味
ブルーベリービアー

Nonalcoholic Cocktail

オリジナルカクテル ★★★

材料

ノンアルコールビール ……… 180mℓ
ブルーベリーシロップ（なければブルーベリーソースで）‥ 大さじ2〜3

作り方

1. グラスにブルーベリーシロップを入れ、ノンアルコールビールを注ぐ。

- Type ： いつでも
- Taste ： 華やか
- 辛 ———★——— 甘

MEMO
- ブルーベリーシロップはヨーグルト用のものを。
- マドラーなどで混ぜながら飲みましょう。

| Type | パーティー向き |
| Taste | フルーティー |

辛 ●—●—●—★—● 甘

オリジナルカクテル ★★★

底に沈んだシロップと
ソーダを混ぜながら飲んで

マンゴー
グレナデンソーダ

Nonalcoholic Cocktail

ノンアルコールカクテル

材料

マンゴージュース	50mℓ
炭酸水（無糖）	50mℓ
グレナデンシロップ	大さじ1½
ミント	適量

作り方

1. ミキシング用のグラスにマンゴージュースと炭酸水を合わせる。
2. グラスにグレナデンシロップを入れ、**1**を注いでミントを飾る。

MEMO

● 1杯目は混ぜないように飲んでシロップを残し、2杯目にマンゴーソーダをもう一度注いで混ぜながら飲むのもおすすめ。

Part6 アイスティーソーダ

オリジナルカクテル ★★★

食事中でもティータイムでも
楽しめる心地よいドリンク

アイスティーソーダ

Nonalcoholic Cocktail

材料

アイスティー（加糖）	100mℓ
炭酸水（無糖）	100mℓ
氷	3〜4個
ミント	適量

作り方

1. グラスに氷とミントを入れてアイスティーを注ぎ、炭酸水を静かに加える。飾り用のミントを添える。

MEMO

● アイスティーはアールグレイでもレモンティーでもお好みで。

- Type：パーティー向き
- Taste：ライト
- 辛 ●――●――★――● 甘

Part 7
カクテル別
合うおつまみ

**家にあるものでささっと作れて、
カクテルによく合うおつまみを紹介。
料理の分量は表記のないものに関しては、
基本的に居酒屋で出てくる
1皿分（1.5〜2人分）となっています。**

Part 7 豚肉のパプリカ焼き／しいたけのブルーチーズ焼き

ほのかに甘みを感じるスパイスを使って
豚肉のパプリカ焼き

ワインカクテルに合うおつまみ

材料 （1皿分）

- 豚ロース肉（かたまり） 200g
- 塩、こしょう 各少々
- ローリエ 4枚
- A
  - パプリカパウダー 大さじ2〜3
  - ガーリックパウダー 少々
- オリーブ油 適量

作り方

1. 豚肉は一口大に切り、塩、こしょうをふる。
2. **1**にオリーブ油を薄く塗り、ローリエを間にはさんで串に刺し、**A**をふる。
3. フライパンにオリーブ油大さじ1〜2を熱して**2**を入れ、中火で両面を焼いて中まで火を通す。

※一度にたくさん焼きたいときは、串を天パンに並べ、180℃のオーブンで10分ほど焼く。

クセのある材料の組み合わせで
独特のおいしさに

しいたけの
ブルーチーズ焼き

ワインカクテルに合うおつまみ

材料 (1皿分)

しいたけ	5枚
ブルーチーズ	25g
バター	10g

作り方

1. しいたけは軸をとり除き、ブルーチーズとバターは小さく刻む。
2. しいたけの笠の裏側にブルーチーズを敷き詰めるようにのせ、ところどころにバターをのせる。
3. オーブントースターで5分ほど、しいたけにしっかり火が通るまで焼く。

※ブルーチーズ以外の、ピザ用チーズやハード系のチーズでもおいしい。

カクテル別 合うおつまみ

4色カラフルバター

カラフルな材料をそろえて華やかに

ワインカクテルに合うおつまみ

材料 （作りやすい分量）
- スモークサーモン ……… 40g
- 柚子のピール（なければオレンジピールで） ……… 30g
- くるみ ……… 40g
- 青のり ……… 大さじ1½
- バター ……… 400g
- フランスパンなど ……… 適量

作り方
1. サーモンと柚子のピールは細かく刻み、くるみはオーブントースターでからいりし、細かく刻む。
2. バターを室温にもどしてクリーム状に練り、4等分して**1**、青のりをそれぞれ混ぜ、ココット型に入れて冷蔵庫で冷やす。
3. スライスしたフランスパンなどを添えて供する。

※くるみは刻んだあとにすり鉢でするとより香りが出る。

フルーツを使ったソースがおしゃれ！

かぶのいちごソース

カクテル別合うおつまみ

ワインカクテルに合うおつまみ

材料 （1皿分）

かぶ	2個
いちご	2〜3個
A レモン汁	大さじ1
サラダ油	大さじ3
塩、こしょう	各少々

作り方

1. かぶは皮をむいて薄い輪切りにし、塩水（材料外、水カップ1＋塩小さじ1/4）につけ、しんなりしたらざるに上げて軽く絞る。
2. いちごはへたをとって粗く刻み、すり鉢で軽くつぶし、**A**を加えて混ぜる。
3. **1**のかぶを**2**に入れてあえる。

ピザきつね

和風の素材でもワインに合う!

ワインカクテルに合うおつまみ

材料 (1皿分)
- 油揚げ ………… 1枚
- ピザソース(市販) ……… 大さじ1½
- シュレッドチーズ ………… 30g
- 青ねぎ ………… 2〜3本

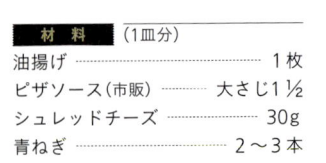

作り方
1. 油揚げの上面にピザソースを塗り、シュレッドチーズを散らす。
2. オーブントースターで3〜4分、チーズが溶けてこんがりするまで焼く。
3. 食べやすく切り分け、青ねぎを斜め切りにして散らす。

炊飯器で調理するから手間いらず
ポトフ

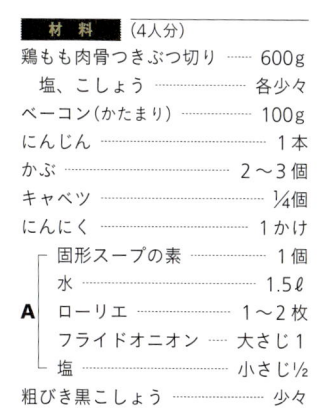

ワインカクテル に合うおつまみ

材料 (4人分)

- 鶏もも肉骨つきぶつ切り ……… 600g
- 塩、こしょう ……… 各少々
- ベーコン(かたまり) ……… 100g
- にんじん ……… 1本
- かぶ ……… 2〜3個
- キャベツ ……… 1/4個
- にんにく ……… 1かけ
- **A**
  - 固形スープの素 ……… 1個
  - 水 ……… 1.5ℓ
  - ローリエ ……… 1〜2枚
  - フライドオニオン ……… 大さじ1
  - 塩 ……… 小さじ1/2
- 粗びき黒こしょう ……… 少々

作り方

1. 鶏肉は塩、こしょうをふる。ベーコンは厚さ1cmに切る。にんじんは長さ3cmの四つ割りにし、かぶは茎を残して皮をむき、キャベツは芯を残して4等分のくし形切りにする。
2. **1**と**A**、にんにくを炊飯器の内釜に入れ、早炊きモードで25〜30分加熱する。
3. あくが出ていたらとり除き、器に盛って黒こしょうをふる。

※フライドオニオンはトッピング用で市販されています。

Part7 あさり、豚肉、プチトマトの蒸し焼き

ワインカクテル に合うおつまみ

あさりのうまみが味のポイント
バゲットを添えて……

あさり、豚肉、プチトマトの蒸し焼き

材料 （1皿分）

あさり	100g
豚肉（切り落とし）	80g
塩、こしょう	各少々
プチトマト	3〜4個
にんにくのみじん切り	1かけ分
オリーブ油	大さじ1½
白ワイン	大さじ3
バジル	適量

作り方

1. あさりは殻を洗い、豚肉は一口大に切って塩、こしょうをふり、プチトマトはへたをとる。
2. フライパンににんにくとオリーブ油を入れて中火で炒め、香りが出たらあさりを加えて白ワインをふり、ふたをして5〜6分弱火で蒸し煮にする。
3. あさりの口が開いたら豚肉を加えて炒め、プチトマトを加えてさっと炒める。器に盛り、バジルをざく切りにしてのせる。

Part 7 ふわふわオムレツ／えびのブロッコリーソース添え

ふんわりした食感の秘密ははんぺんにあり！
ふわふわオムレツ

ワインカクテルに合うおつまみ

材料 (1皿分)

卵	2個
はんぺん	25g
砂糖	小さじ½
サラダ油	小さじ2
バター	10g
トマトケチャップ	適量

作り方

1. はんぺんは細かく刻んですり鉢に入れ、すりつぶしながら卵を割り入れてさらにすり混ぜる。砂糖を加えて混ぜる。
2. フライパンにサラダ油を強火で熱して**1**を流し入れる。フライパンが熱くなったら中火〜弱火にし、大きく混ぜながら焼き、焼き色がついてきたら二つ折りにする。バターを加えて全体にからめる。
3. 器に盛り、トマトケチャップをかける。

手軽だけれど味は本格派のソースを添えて

えびのブロッコリーソース添え

ワインカクテルに合うおつまみ

材料 (1皿分)

- ブラックタイガー …… 6尾
- 塩、こしょう …… 各少々
- ブロッコリー …… 30g
- A
  - バター …… 10g
  - アンチョビ(フィレ・刻む) …… 2枚
  - おろしにんにく …… 小さじ½
- 牛乳 …… 大さじ3
- サラダ油 …… 大さじ1

作り方

1. ブラックタイガーは頭や殻がついていたらとり除き、背側に切り目を入れて背わたをとり、塩、こしょうをふる。ブロッコリーはやわらかめにゆでる。
2. フライパンにサラダ油を熱してえびを強火でソテーし、器に盛る。
3. **2**のフライパンに**A**を入れて炒め、ブロッコリーと牛乳を加え、ブロッコリーをつぶしながら炒め煮にする。**2**に添える。

カクテル別 合うおつまみ

Part7 ハニーピクルス

ビール
カクテル
に合うおつまみ

優しい味わいは自家製だからこそ
ハニーピクルス

材料（作りやすい分量）

きゅうり、セロリ、にんじん	各1本
かぶ	2個
レモンの薄切り	1/4個分
にんにく	1かけ
A ┌ 酢、水	各カップ1
├ 塩	小さじ2
├ ローリエ	1枚
└ はちみつ	60g

作り方

1. にんじんとかぶは皮をむき、きゅうり、セロリとともに拍子木切りなど、好みの形や大きさに切る。
2. にんにくは半分に切り、Aとともに鍋に合わせて一煮立ちさせる。
3. **1**とレモンを瓶などの保存できる容器に入れ、**2**を熱いうちに注ぐ。粗熱がとれたら冷蔵庫に入れて半日ほどおく。

※季節の野菜で作っても。カリフラワー、赤かぶなど単品でつけてもおいしくできます。

合うおつまみ
ナンデル別

鶏肉のトムヤム炒め

味つけは市販のペーストにお任せ

ビールカクテルに合うおつまみ

材料 (1皿分)

鶏胸肉	120g
塩、こしょう	各少々
赤、黄パプリカ	各¼個
ズッキーニ	½本
A トムヤムクンペースト(市販)	大さじ1
生クリーム、酒	各大さじ2
サラダ油	大さじ1½

作り方

1. 鶏肉は一口大に切って塩、こしょうをふる。パプリカは1cm幅に切り、ズッキーニは縦半分に切ってから5mm厚さに切る。
2. **A**は混ぜ合わせる。
3. フライパンにサラダ油を熱して鶏肉を炒め、パプリカとズッキーニを加えて炒め合わせる。野菜がしんなりしたら**2**を加え、全体にからめるように炒め上げる。

コーンの甘みが絶妙のおいしさ
とうもろこしとしょうがのかき揚げ

ビールカクテルに合うおつまみ

カクテル別 合うおつまみ

材料 （1皿分）
とうもろこし	½本
紅しょうが	少々
天ぷら粉	50g
水	70㎖
パルメザンチーズ	大さじ2
揚げ油	適量

作り方
1. とうもろこしは粒の根元に包丁を入れ、かつらむきをするように1周して粒を芯からはずす。
2. 天ぷら粉を分量の水で溶き、パルメザンチーズを加えて衣を作る。
3. とうもろこしに同量の**2**の衣を合わせてあえ、10㎝四方に切ったクッキングペーパーにのせて広げ、紅しょうがを散らす。180℃の揚げ油にペーパーごと入れてカラリと揚げる。

Part7 キャベツのバターカレー炒め／簡単チョリソー

隠し味のトマトペーストが効果的
キャベツの
バターカレー炒め

ビールカクテルに合うおつまみ

材料 (1皿分)
- キャベツ ······ 1/4個
- バター ······ 15g
- 塩、こしょう ······ 各少々
- A
  - トマトペースト ······ 大さじ1
  - カレー粉 ······ 小さじ1 1/2

作り方
1. キャベツは食べやすい大きさに切る。
2. フライパンにバターを溶かしてキャベツを強火で炒め、塩、こしょうをふる。
3. キャベツがしんなりしたらAを加えて炒め上げる。

※クミンシードを加えて炒めると味にアクセントがついておいしい。

簡単チョリソー

お手製とは思えない本格的な味

ビールカクテルに合うおつまみ

材料 (5本分)

豚ひき肉	120g
チリパウダー	小さじ1
塩	1つまみ
生ハム	5枚
サラダ油	大さじ1
粒マスタード	大さじ1

作り方

1. 豚肉にチリパウダーと塩をまぶし、しばらくおく。5等分して円筒形にまとめ生ハムで巻く。
2. フライパンにサラダ油を中火で熱して**1**を入れ、転がしながら表面を焼き、弱火にしてふたをし、約3分焼いて中まで火を通す。
3. 器に盛り、粒マスタードを添える。

※ひき肉にチリパウダーと塩を混ぜたものを1晩冷蔵庫におくと、味がなじんで、いっそうおいしい。

カクテル別合うおつまみ

Part 7 えびの柚子ソルト焼き／豚肉の梅ソース

手作りの柚子塩で香り豊か
えびの柚子ソルト焼き

ビールカクテルに合うおつまみ

材料（1皿分）
- ブラックタイガー（有頭、殻つき） ……… 2尾
- 柚子塩（作りやすい分量）
  - 柚子 ……… 1個
  - 塩 ……… 大さじ2
- オリーブ油 ……… 大さじ1
- レモン ……… 適量

作り方

1. 柚子は皮の黄色い部分だけをおろし金でおろす。おろし金に塩をこすりつけ、残った皮をこすり落とす。フライパンでからいりし、柚子塩を作る。
2. ブラックタイガーは頭から尾まで縦に二つ割りにする。
3. **2**の切り口に**1**を適量ふり、オリーブ油を強火で熱したフライパンに切り口を下に入れて焼き、こんがりと焼けたら殻の面も焼く。器に盛って半月切りのレモンを添える。

レンジにかけるだけで豪華な1品に！
豚肉の梅ソース

ビールカクテルに合うおつまみ

材料 (2人分)
- 豚肉(切り落とし) ……… 120g
- 梅ソース
  - 梅干しのペースト ……… 30g
  - 出し汁 ……………… カップ½
  - しょうゆ ……………… 大さじ1
  - 青じその粗みじん切り … ½束分
- 長ねぎの白い部分 ……… 1本分
- 赤、黄パプリカ ………… 各¼個
- ほうれんそう …………… ⅙束
- しいたけ ………………… 2個

作り方
1. 梅ソースの材料を混ぜ合わせ、適量を豚肉にからめる。
2. ねぎは白髪ねぎにし、パプリカは細切りに、ほうれんそうは7cm長さに切り、しいたけは軸をとって薄切りにする。
3. 耐熱皿に**1**の豚肉と**2**を彩りよく並べてラップをかけ、電子レンジ(500W)で4～5分加熱する。残りの梅ソースを添える。

※梅干しのペーストは、梅干し大2個分の果肉を包丁でたたいて作っても。

カクテル別 合うおつまみ

Part 7 焼きスパ／チーズせんべい

中華麺が家になくてもこれならいつでも作れる！
焼きスパ

ビールカクテルに合うおつまみ

材料 （1皿分）

スパゲティ	100g
豚こま切れ肉	60g
塩、こしょう	各少々
キャベツ	2枚
玉ねぎ	1/4個
プチトマト	3個
A〔お好み焼き用ソース	大さじ2
中濃ソース	大さじ2
塩、こしょう	各少々
卵	1個
サラダ油	適量
青のり	少々

作り方

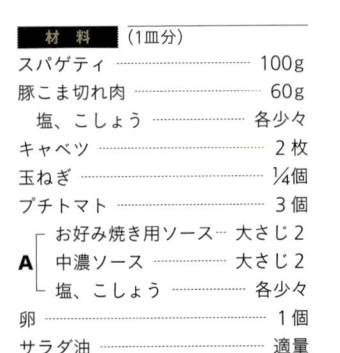

1. スパゲティは、袋の表示どおりにゆでる。豚肉は塩、こしょうをふる。キャベツは一口大に切り、玉ねぎは薄切りにする。

2. フライパンにサラダ油大さじ1を熱して豚肉、玉ねぎ、キャベツの順に入れて炒め、ゆで上がったスパゲティとプチトマトを加えて炒め合わせ、Aで調味する。別のフライパンにサラダ油少々を熱して卵を割り入れ、目玉焼きを作る。

3. 器に2を盛り合わせ青のりをふる。

超簡単レシピのお手製スナック

チーズせんべい

ビール カクテル に合うおつまみ

材料 (1皿分)
スライスチーズ(とろけるタイプ) ………… 2枚
桜えび ……………… 大さじ1
粗びき黒こしょう ……………… 少々

作り方
1. スライスチーズは2等分に切る。
2. クッキングペーパーに**1**をくっつかないように並べ、2枚に桜えびを等分にしてのせ、残りの2枚に黒こしょうをふる。
3. **2**を電子レンジ(500W)で1分30秒〜2分加熱する。

※ちりめんじゃこ、ごま、韓国唐がらし(なければ一味唐がらしでも)などをトッピングしてもおいしい。

カクテル別 合うおつまみ

Part7 スペアリブの八丁みそ焼き

焼酎カクテルに合うおつまみ

こってり味がさっぱりした焼酎にぴったり!
スペアリブの八丁みそ焼き

材料 (1皿分)

スペアリブ	400g
塩、こしょう	各少々
A[八丁みそ、はちみつ、酒	各大さじ2
[しょうゆ	小さじ1
サラダ油	大さじ2
キャベツ(ざく切り)	適量

作り方

1. スペアリブは骨と身の間に包丁で切り目を入れて開くように肉をのばし、さらに厚みがあるところに切り目を入れて開く。
2. 1に塩、こしょうをふり、**A**を混ぜ合わせて表面にまんべんなく塗り、15分ほどおく。
3. フライパンにサラダ油を中火で熱して**2**を入れ、肉が温まってきたら弱火にして焼く。途中みそが焦げそうになったら水大さじ1ほど加える。片面が焼けたら返してふたをし、中に火が通るまで焼く。器に盛って、キャベツを添える。

Part7 かきのガーリックオイル煮／エスニックチキンライス

かきがかたくならず、しっとりと火が通る

かきの
ガーリックオイル煮

焼酎カクテルに合うおつまみ

材料 （1皿分）
かき（むき身）	150g
赤唐がらし	1本
にんにく	1かけ
オリーブ油	カップ1

作り方
1. かきはきれいに洗って水分をしっかりふきとる。
2. 赤唐がらしは種をとって小口切りにし、にんにくは薄切りにする。
3. ココット鍋にオリーブ油と1と2のにんにくを入れて弱火にかけ、クツクツと沸いてかきに火が通るまで煮る。仕上げに赤唐がらしを散らしたら、油ごと器に盛る。

シンガポールライスを作りやすくアレンジ

エスニックチキンライス

焼酎カクテルに合うおつまみ

材料 (3〜4人分)

- 米 ……………………… 2合(360ml)
- 鶏もも肉 ……………………… 1枚
- 塩 ……………………… 小さじ½
- セロリ ……………………… 1本
- A
  - 水 ……………………… 330ml
  - 酒 ……………………… 大さじ2
  - 薄口しょうゆ ……………………… 大さじ1
  - ナンプラー ……………………… 小さじ1
  - おろししょうが ……………………… 大さじ1
  - 赤唐がらしの小口切り ……………………… 1本分
- スイートチリソース ……………………… 適宜

作り方

1. 米はとぐ。鶏もも肉は塩をすり込んでしばらく(時間があれば1晩)おく。セロリは葉と茎に分け、葉はせん切りに、茎は5mm角に切る。
2. 米、鶏肉、セロリの茎を炊飯器の内釜に入れ、**A**を加えて炊く。
3. 炊き上がったら鶏肉をとり出して一口大に切り、ご飯とともに器に盛り、セロリの葉を飾る。好みでスイートチリソースをかける。

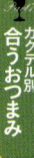

カクテル別合うおつまみ

Part7 いかと高菜漬けの炒めもの／たこのインディアントマト煮

油と相性のよい高菜漬けが味の決め手
いかと高菜漬けの炒めもの

焼酎カクテルに合うおつまみ

材料 (1皿分)

いかの胴	1杯分
塩	少々
片栗粉	大さじ1
高菜漬け(塩抜きしたもの)	50g
セロリ	1本
サラダ油	大さじ1
A 赤唐がらしの小口切り	½本分
A おろしにんにく	小さじ¼
しょうゆ	大さじ1
ごま油	大さじ1

作り方

1. いかは皮をむいて切り開き、内側に格子状に切り目を入れて一口大に切り、塩と片栗粉をまぶす。
2. 高菜漬けは大きければ刻み、セロリは一口大に切る。
3. フライパンにサラダ油、**A**を入れて強火にかけ、香りが出たら**1**を加える。いかに火が通ったら**2**を加えて、さっと炒め合わせ、しょうゆで調味し、ごま油を回し入れる。

炭酸で下ゆですれば、おどろくほどのやわらかさに！

たこの インディアントマト煮

焼酎カクテル に合うおつまみ

材料 （1皿分）

ゆでだこ	150g
A 炭酸水（無糖）	500ml
セロリの葉や長ねぎの青い部分など	適量
ローリエ	1枚
オリーブ油	大さじ1
にんにくのみじん切り	大さじ1
トマトの水煮缶詰（ホール）	1/2缶
B カレー粉	小さじ1 1/2
塩、こしょう	各少々
イタリアンパセリ	少々

作り方

1. たこは**A**で20分ほど下ゆでする。とり出して食べやすい大きさに切る。
2. 鍋にオリーブ油とにんにくを入れて強火にかけ、香りが出たらトマトをつぶしながら加え、**B**を加えて混ぜる。たこを加えて弱火で15分ほど煮る。
3. 器に盛り、パセリを飾る。

カクテル別 合うおつまみ

ドレッシングは作りおいておくとよりおいしい
春菊の韓国風サラダ

焼酎カクテルに合うおつまみ

材料 （1皿分）
- 春菊 …………………… 1/6束（30g）
- きゅうり ………………………… 1/2本
- ちりめんじゃこ …………… 大さじ2
- ドレッシング
  - ポン酢しょうゆ、ごま油
    …………………………… 各大さじ2
  - 韓国唐がらし（なければ少なめの
    一味唐がらしで） …… 大さじ1

作り方
1. ドレッシングの材料は混ぜ合わせる。春菊は葉先のやわらかい部分だけを摘み、きゅうりはピーラーで薄く削る。
2. ちりめんじゃこは耐熱皿に広げて入れ、電子レンジ（500W）で1〜2分加熱してパリパリにする。
3. 器に春菊ときゅうりを盛って**2**をふりかけ、ドレッシングをかける。

黄身がくずれない不思議な1品

まぐろのユッケ黄身のせ

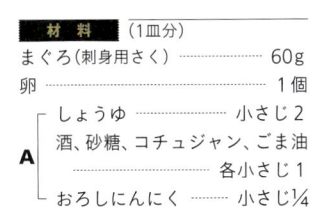

焼酎カクテルに合うおつまみ

カクテル別 合うおつまみ

材料 （1皿分）

- まぐろ（刺身用さく） ……… 60g
- 卵 …………………………… 1個
- A
  - しょうゆ ………… 小さじ2
  - 酒、砂糖、コチュジャン、ごま油 ………………… 各小さじ1
  - おろしにんにく …… 小さじ1/4

作り方

1. 卵は冷凍庫に入れて3〜4時間おき、いったん凍らせる。冷凍庫からとり出して冷蔵庫で1晩（もしくは常温で30分〜1時間）解凍し、殻を割って黄身をとり出す。
2. まぐろはスティック状に切り、混ぜ合わせた**A**であえる。
3. 2を器に盛り、黄身を中央にのせる。

※いったん冷凍させた卵の黄身はくずれにくい。箸で少しずつくずしながらまぐろと合わせて食べる。

Part7 野菜スティック みそクリームチーズ添え／高野豆腐の素揚げ

発酵食品同士を組み合わせたディップが美味
野菜スティック みそクリームチーズ添え

焼酎カクテルに合うおつまみ

材料（作りやすい分量）
セロリ、きゅうり、赤大根、みょうがなど好みの野菜 …… 各適量
クリームチーズ …………………… 100g
白みそ(辛口)、コチュジャン
　　　　　　　　　　…… 各大さじ2
砂糖 ……………………………… 小さじ1

作り方
1. 野菜は食べやすくスティック状に切る。
2. クリームチーズは常温にもどしてやわらかく練り、白みそ、コチュジャン、砂糖を加えて混ぜる。
3. 1を器に盛り、2を添える。

乾物を上手に使って意外性のある1品に

高野豆腐の素揚げ

焼酎カクテルに合うおつまみ

材料 (1皿分)
高野豆腐	2個
顆粒かつお出しの素	小さじ1
湯	カップ2
揚げ油	適量
塩	適宜

作り方
1. かつお出しの素を分量の湯で溶き、高野豆腐を入れてもどす。
2. 高野豆腐の水けを軽く絞り、スティック状に切り分け、180℃の揚げ油でカラリと揚げる。
3. 器に盛り、好みで塩を添える。

※塩とカレー粉を混ぜ合わせたカレー塩をまぶしてもおいしい。

カクテル別 合うおつまみ

Part7 貧乏からすみ/たいのごまだれサラダ

凍らせただけで高級おつまみもどきに
貧乏からすみ

日本酒カクテル に合うおつまみ

材料	(作りやすい分量)
たらこ	1腹
大根	適量

作り方
1. たらこは½腹ずつラップに包んで冷凍庫で凍らせる。
2. 1を凍ったまま5mm厚さに切る。
3. 大根は2と同じ厚さと大きさに切り、2と交互に重ねて器に盛る。

カクテル別 合うおつまみ

淡白なたいを、コクのあるごま味で

たいのごまだれサラダ

日本酒カクテル に合うおつまみ

材料 （1皿分）

たい（刺身用さく） ……………… 100g
ごまだれ
　練りごま、しょうゆ ‥ 各大さじ2
　酒 ……………………………… 大さじ1
三つ葉 ………………………………… 1/3束
きゅうり ……………………………… 1/3本
みょうが ……………………………… 1個
大根 …………………………………… 5cm
レモン ………………………………… 適量

作り方

1. たいは薄くそぎ切りにする。ごまだれの材料を混ぜ合わせ、たいをつけ込む。
2. 三つ葉は5cm長さに切り、きゅうり、みょうが、大根はせん切りにする。
3. 器に**1**、**2**を盛り合わせて半月切りにしたレモンを添え、野菜とたいを混ぜ合わせて食べる。

Part7 くずし豆腐／アンチョビ入りチーズフォンデュ

薬味野菜たっぷりで香りよく
くずし豆腐

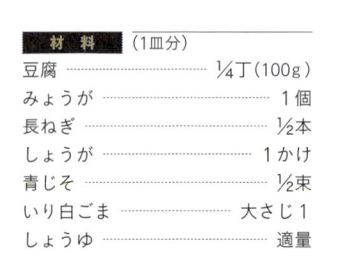

日本酒カクテルに合うおつまみ

材料 （1皿分）
豆腐	¼丁（100g）
みょうが	1個
長ねぎ	½本
しょうが	1かけ
青じそ	½束
いり白ごま	大さじ1
しょうゆ	適量

作り方
1. 豆腐は軽く水けをきる。
2. みょうがと長ねぎは小口切り、しょうがはせん切り、青じそは粗みじん切りにする。
3. 豆腐をくずしながら2と白ごまを混ぜる。器に盛って食べるときにしょうゆをかける。

少人数でも楽しめるお手軽フォンデュ

アンチョビ入り チーズフォンデュ

日本酒カクテルに合うおつまみ

材料 （1皿分）

シュレッドチーズ	80g
アンチョビ（フィレ）	4枚
生クリーム	カップ½
フランスパン	2切れ
赤大根	3cm
黄パプリカ	⅙個
ブロッコリー、カリフラワー	各2〜3房（20〜30g）

作り方

1. フランスパンと赤大根は一口大に、パプリカはスティック状に切る。ブロッコリーとカリフラワーは小房に分けてゆで、冷水にとる。
2. ココット鍋などに生クリームと刻んだアンチョビを入れて火にかけ、煮立ったらチーズを加えてすぐに火を止める。
3. 2のチーズが溶けたら1をスティックなどで刺して混ぜながらつけて食べる。

カクテル別合うおつまみ

Part 7 ねぎまのスープ／割り干し大根のポン酢漬け

ねぎとまぐろのねぎま鍋をひとひねり

ねぎまのスープ

日本酒カクテルに合うおつまみ

材料 （2人分）

ねぎとろ	150g
A　おろししょうが	大さじ1
卵白	1個分
パン粉	大さじ4
塩	少々
長ねぎ	1本
B　出し汁	カップ1½
薄口しょうゆ	大さじ2
酒	大さじ1
黒七味	適宜

作り方

1. ねぎとろに**A**を加えて混ぜる。
2. 長ねぎは3cm長さに切る。
3. 鍋に**B**を煮立て、**1**を一口大に丸めて落とし入れ、**2**を加えてあくをとりながら煮る。ねぎとろボールが浮き上がってきたらでき上がり。好みで黒七味少々をふる。

つけるだけなのに箸が止まらないおいしさ
割り干し大根のポン酢漬け

日本酒カクテルに合うおつまみ

材料 （作りやすい分量）
割り干し大根（乾燥・なければ切り干し大根で） …… 30g
ポン酢しょうゆ …… 大さじ4
砂糖 …… 大さじ2
赤唐がらし …… ½本

作り方
1. 割り干し大根はたっぷりの水に浸して冷蔵庫に入れ、1晩おいてもどす。
2. 1の水けを絞り、食べやすい大きさに切る。
3. 赤唐がらしは小口切りにし、ポン酢しょうゆ、砂糖と合わせる。2を加え、1晩冷蔵庫においてつけ込む。

カクテル別 合うおつまみ

Part7 3色クリームチーズ／板わさ 塩昆布添え

彩りと風味が加わって飽きのこないおつまみに
3色クリームチーズ

日本酒カクテルに合うおつまみ

材料 （1皿分）
クリームチーズ ……………… 45g
パプリカパウダー ……… 約大さじ1
青のり ……………………… 約大さじ1
おかかふりかけ …………… 約大さじ1

作り方
1. クリームチーズは1cmほどのキューブ状に切る。
2. パプリカパウダー、青のり、おかかふりかけを、1の表面にそれぞれまぶす。
3. 彩りよく器に盛る。

板わさ 塩昆布添え

おなじみの板わさにプラスα

日本酒カクテルに合うおつまみ

材料 (1皿分)

- かまぼこ …………… 1/4本
- わさび漬け …………… 大さじ1
- 塩昆布 …………… 大さじ1

作り方

1. かまぼこは板からはずし、大ぶりの乱切りにする。
2. 塩昆布は細かく刻む。
3. 1とわさび漬けを器に盛り、2を添える。

※塩昆布を刻むときは乾いたまな板の上で。

カクテル別 合うおつまみ

Part7 一銭洋食

元祖お好み焼き。天ぷら粉を使えば簡単！

一銭洋食

材料 (2人分)

キャベツ	1枚
いか天(スナック菓子)	1枚
天ぷら粉	カップ½
牛乳	カップ½
サラダ油	少々
お好み焼き用ソース、青のり	各適量

作り方

1. キャベツは1cm角に切り、いか天は一口大に切る。天ぷら粉と牛乳を混ぜ合わせて生地を作る。
2. フライパンにサラダ油を熱し、生地の半量を流し入れて丸く広げ、キャベツといか天半量をのせて焼く。表面が乾いてきたら返して裏面も焼いてとり出す。同様にもう1枚焼く。
3. 2を三つ折りにするようにたたんで串を刺し、器に盛ってソースをかけて青のりをふる。

Part7 干し柿バター／オイルサーディンの韓国風

ウイスキーにはやっぱりドライフルーツが合う
干し柿バター

ウイスキーカクテル に合うおつまみ

材料 （3個分）
干し柿 …………………………… 3個
バター …………………………… 20g

作り方
1. 干し柿はへたの部分を切り、実の中央に縦に1本切り目を入れる。
2. バターは干し柿の長さに合わせて細長く切る。
3. 干し柿の実の中央に**2**を入れて巻き込み、器に盛る。

缶ごと調理する大胆さがユニークなおつまみ

オイルサーディンの韓国風

ウイスキーカクテルに合うおつまみ

材料 （1缶分）
オイルサーディン（缶詰） …… 1缶
A ┌ 長ねぎのみじん切り …………………… 大さじ1
  │ 韓国唐がらし（なければ一味唐がらしを少なめに） … 小さじ½
  └ おろしにんにく ………… 少々

作り方
1. オイルサーディンの缶を開け、**A**をのせる。
2. 1の缶をそのままこんろにのせて弱火にかける。
3. グツグツと煮立ってきたらでき上がり。

カクテル別合うおつまみ

Part 7 サーモンと千枚漬けのミルフィーユ／トマト入り焼きビーフン

美しい色合いで味も太鼓判。女子会にぴったり

サーモンと千枚漬けのミルフィーユ

ウイスキーカクテルに合うおつまみ

材料 (2人分)
スモークサーモン ……………… 30g
千枚漬け ……………………… 30g

作り方
1. スモークサーモンと千枚漬けを交互に重ねる。
2. 1を食べやすい大きさに切り分け、ピックに刺して器に盛る。

インスタント食品を上手にアレンジ

トマト入り焼きビーフン

ウイスキーカクテル に合うおつまみ

材料 (1人分)

即席焼きビーフン(味つき) ……… 1袋(1人分)
トマト ……………………………… ½個
ベーコン …………………………… 50g
フライドガーリック …………… 大さじ1
乾燥パセリ ………………………… 少々
塩、こしょう ……………………… 各適宜

作り方

1. ボウルにビーフンを入れ、熱湯を注いでもどす。トマトはざく切りにし、ベーコンは3cm幅に切る。
2. フライパンにベーコンを入れて中火で炒め、脂が出たらビーフンの湯をきって加え、もどしたときの湯を大さじ2程度加えて炒め、トマトを加えて炒め上げる。味をみて、必要なら塩、こしょうを加える。
3. 器に盛り、フライドガーリックと乾燥パセリをふる。

カクテル別合うおつまみ

ゆでワンタン

ゆでたてに風味のよいソースをかけて

ウイスキーカクテルに合うおつまみ

材料 (2人分)

- A
  - 豚ひき肉 ……… 40g
  - 長ねぎのみじん切り ……… 大さじ1
  - しょうがのみじん切り ……… 小さじ½
  - 塩 ……… 1つまみ
  - こしょう ……… 少々
  - 砂糖 ……… 小さじ¼
- ワンタンの皮 ……… 10枚
- 薬味ソース
  - ポン酢しょうゆ ……… 40mℓ
  - 長ねぎのみじん切り ……… 大さじ1
  - コチュジャン、ごま油 ……… 各小さじ½
  - いり白ごま ……… 小さじ1

作り方

1. **A**をよく混ぜ合わせ、10等分してワンタンの皮で包む。
2. 薬味ソースの材料を混ぜ合わせる。
3. たっぷりの湯を沸かして**1**を入れ、2分ほどゆでて器にとり、**2**をかける。

カクテル別 合うおつまみ

ウイスキーに合わせるならチョコレートははずせない!
チョコレートフォンデュ

ウイスキーカクテルに合うおつまみ

材料 (2人分)
チョコレート(製菓用) …… 260g
生クリーム ………………… 100g
レーズン入りくるみパン ‥ 2切れ
いちご ……………………… 2個
バナナ ……………………… ½本
キウイフルーツ …………… ½個

作り方
1. チョコレートは細かく刻む。
2. 小鍋に生クリームを入れて火にかけ、煮立ってきたら弱火にして**1**を加え、溶かす。
3. 温めたココット型などに**2**を入れる。パンとフルーツを食べやすく切り、彩りよく盛って添える。チョコが温かいうちにつけて食べる。

Part 7 車麩のフレンチトースト／生ハムフルーツチーズ

意外な材料が主役。驚かれること間違いなし
車麩のフレンチトースト

ウイスキーカクテルに合うおつまみ

材料 (2人分)

車麩	2枚
牛乳	カップ1
溶き卵	1個分
砂糖	大さじ1
サラダ油	大さじ1
バター	10g
メープルシロップ	大さじ2

作り方

1. 牛乳に溶き卵と砂糖を加えてよく混ぜ、車麩を入れて20分以上つけ込む。
2. フライパンにサラダ油を熱して**1**を入れ、焦げないように両面色よく中火で焼き、仕上がりにバターを加えてからめる。
3. 器に盛り、メープルシロップをかける。

マスカルポーネを使ったおしゃれなおつまみ
生ハムフルーツチーズ

ウイスキーカクテル に合うおつまみ

材料 (2人分)
生ハム ……………………… 2枚
マスカルポーネチーズ ……… 30g
パイナップル、パパイヤ、マンゴー
　(缶詰) ………………… 各2切れ
チャービル ………………… 少々

作り方
1. 生ハムを1枚ずつ広げ、中央にマスカルポーネチーズを半量ずつのせる。
2. チーズの上にパイナップルなどのフルーツを彩りよくのせ、ハムではさむようにして形を整える。
3. 器に盛り、チャービルを飾る。

※フルーツは、トロピカルフルーツのミックスタイプの缶詰を使用。

カクテル別 合うおつまみ

伊野由有子（いの・ゆうこ）

福岡県出身。料理研究家として『オレンジページ』やNHK『きょうの料理』で活躍中。(社)日本ソムリエ協会認定ワインアドバイザーの資格をもち、ワイン、日本酒、焼酎など酒全般に精通している。パリの料理学校フェランディー校にてディプロマ取得。1992年より服部栄養専門学校の調理師科、栄養士科講師。そのかたわら、ワインに合う料理を紹介する料理教室「マリアージュの会」も主宰。自身もお酒好きで、簡単なおつまみ作りには定評がある。著書に『俺のつまみ。』（日本経済新聞出版社）がある。
http://www.redolog.net/goodhills/

撮影	長嶺輝明
スタイリング	肱岡香子
ブックデザイン	内山尚孝・谷口博俊（next door design）
取材協力	庄司和以

講談社のお料理BOOK
うちにあるお酒だけでできる
大人女子カクテル74＆カンタンおつまみ44

2012年4月19日　第1刷発行

著　者	伊野由有子

©Yuko Ino 2012,Printed in Japan

発行者	鈴木　哲
発行所	株式会社講談社
	〒112-8001
	東京都文京区音羽2-12-21
	電話／編集部　03-5395-3527
	販売部　03-5395-3625
	業務部　03-5395-3615
印刷所	大日本印刷株式会社
製本所	株式会社国宝社

落丁本・乱丁本は購入書店名を明記のうえ、小社業務部あてにお送りください。送料小社負担にてお取り替えいたします。なお、この本の内容についてのお問い合わせは、生活文化第一出版部あてにお願いいたします。
本書のコピー、スキャン、デジタル化等の無断複製は著作権法上での例外を除き禁じられています。本書を代行業者等の第三者に依頼してスキャンやデジタル化することはたとえ個人や家庭内の利用でも著作権法違反です。
定価はカバーに表示してあります。

ISBN978-4-06-299558-0